蚂蚁变大象
论影响力与势力经济

ANTS BECOME ELEPHANTS
The Influence and The Authority Economy

颜建国·著

时事出版社

目录
CONTENTS

001	自序——中国需要势力经济
005	引言——什么是势力经济
007	一、借势（上）——从无到有、由弱到强的"秘密武器"
010	1. 认识你自己——中西先哲的共同发现
012	2. 资源——一切整合的起点
016	3. 自然资源——势力经济之"基"
019	4. 社会资源——势力经济之"业"
028	5. 文化资源——势力经济之"家"
035	6. 时间也是资源——势力经济的"广阔轨道"
039	7. 心理资源——势力经济的"无形大军"
046	8. 整合——将无机变为有机

| 049 | 9. 负资源——把最大的压力化为最大的动力 |
| 052 | 10. 相互性与稀缺性——资源的两大原则 |

064	**二、借势（下）——蚂蚁如何变大象**
064	1. 资本——资本为王，资源为后
067	2. 可评估资本——没数据不能成势力
070	3. 股权资产——子子孙孙，无穷尽也
071	4. 置现资本——把"县官"变成"现管"
072	5. 现金——把"现管"变成"现钱"
073	6. 现金流——生命在于运动，资金也在于运动
075	7. 模式——个别加工与批量复制
077	8. 标准——新中国为何能取代旧中国

081	**三、蓄势——距离产生美，距离产生能**
082	1. 空间距离——培养爆发力
084	2. 时间距离——增加吸引力
085	3. 文化距离——提高耐久力
086	4. 实力距离——蓄积冲击力

089	**四、造势（上）——要打一场宣传战**
093	1. 电影手段——无坚不摧的"王牌部队"
096	2. 电视剧手段——打大仗还要"大兵团"
097	3. 动漫手段——"儿童团"不是"小儿科"
098	4. 网络手段——无孔不入的高科技武器
100	5. 传播效果的最大化——"全面战争"与"全线打击"

106	**五、造势（中）——一切战争首先是心理战**
107	1. 求富心理——势力经济的"金箍棒"
109	2. 虚荣心理——势力经济的"杀手锏"
111	3. 好奇心理——势力经济的"天罗网"

112	4. 从众心理——势力经济的"八阵图"
114	5. 爱美心理——势力经济的"断魂枪"
115	6. 崇拜心理——势力经济的"连环马"
118	7. 偷懒心理——势力经济的"核潜艇"
119	8. 同情心理——势力经济的"催泪弹"
122	9. 英雄心理——势力经济的"高射炮"
124	10. 道德心理——势力经济的"指挥部"
126	11. 幽默心理——势力经济的"粘合剂"
128	12. 爱的心理——势力经济的"天门阵"

131	**六、造势（下）——要风得风，要雨得雨**
133	1. 制造声誉——一鸣惊人的诀窍
134	2. 创造信誉——一步登天的捷径
135	3. 积累信用——一通百通的智慧
138	4. 产生影响力——一日千里的动力
139	5. 增加吸引力——一见钟情的奥秘
142	6. 扩大生产力——一马当先的行动
143	7. 聚合势力——以一当十的协作
144	8. 发展势力经济——一本万利的谋略
146	9. 投放"绿色原子弹"——一劳永逸的战术

149	**七、攻势（上）——韩信点兵，多多益善**
149	1. 产业链——一个好汉三个帮
151	2. 产品利润——利润的"冰山一角"
152	3. 财务利润——古代铸币厂的惊天秘密
153	4. 资本利润——从"爬楼梯"到"坐电梯"

155	**八、攻势（中）——越大的企业越缺钱**
156	1. 融资——快速发展的"聚宝盆"
157	2. 贷款——借鸡生蛋的"锦囊计"

157	3. 私募股权基金——项目融资的"大运河"
158	4. 风险投资——收益倍增的"摇钱树"
159	5. 担保基金——金融资本的"放大器"
160	6. 上市——股权增值的"高速路"

161	**九、攻势（下）——从资源到资本的裂变**
161	1. 从高端资源到高端资本——势力经济的强大后盾
162	2. 从同盟资源到同盟资本——势力经济的扩张平台
163	3. 从人才资源到人才资本——势力经济的"镇山之宝"
164	4. 从客户资源到客户资本——势力经济的立业之本
166	5. 从媒体资源到媒体资本——势力经济的传播通道

168	**十、强势——势力经济的终极效果**
168	1. 经济效益——势力经济的核心
171	2. 政治效益——势力经济的前提
172	3. 文化效益——势力经济的命脉
174	4. 符号效益——势力经济的识别系统

176	**十一、结语——21世纪是多元共存的世纪**
176	1. 国际经济形势——"人类命运共同体"
177	2. 国内经济现状——从传统产业到文化产业的转型
179	3. 文化输出与人的输出——不沉的"航空母舰"

185	**后记——架起一盏明灯**

自序
——中国需要势力经济

  人类热爱和平，但是战争一天也未停止过。千百年来，人类经历过形形色色的战争，如军事战争、政治战争、经济战争、宗教战争、文化战争等。战争不是以这样的面貌出现，就是以那样的形式发生。残酷是战争的本质，温和有时是它的形式；和平不总是战争的对立物，有时它是战争的面纱。

  只要是战争，就要用到武器。从石器时代到铁器时代，从铁器时代到核时代，武器的发展始终伴随着人类社会的进步和科技的飞跃而不断更新换代。迄今为止，人类在军事战场使用过的所有武器中，威力最大的是原子弹。原子弹可谓是武器集大成者，它能量大、破坏性强，具有极大的破坏力和威慑力。原子弹一经使用，世界战略格局为之一变。

  耐人寻味的是，原子弹只使用过一次。虽然核大国倾全国之力建立了强大的核武库，但在第二次世界大战后的历次战争中却未敢再用。原因何在？一方面是核大国之间的核平衡决定核战争再无赢者；另一方面是因为原子弹不仅是武器，还是一种势力，一种咄咄逼人的话语权。原子武器不仅是彼此威胁的军事武器，还是影响和控制世界的政治和文化武器。

  美国利用强大的核威慑能力塑造战后世界秩序的同时，也在利用另一种"原子弹",即"绿色原子弹"来整合世界。

这里所说的"绿色原子弹",是指特定的政治经济文化战略,是一种资源整合、文化渗透和经济运作模式。传统原子弹强调科学技术,"绿色原子弹"注重文化内涵;传统原子弹重在破坏,"绿色原子弹"重在建设;传统原子弹重在战争,"绿色原子弹"重在和平;传统原子弹重在局部,"绿色原子弹"重在整体;传统原子弹重在当时,"绿色原子弹"重在久远。"绿色原子弹"是工业却又指导工业,是金融却又俯视金融,是军事却又超越军事,是文化却又丰富文化,是标杆又是标准。它是一种力,一种能,一种场。正因为有了"绿色原子弹",美国的好莱坞和微软独霸全球,英特尔和谷歌称雄世界,大有"一弹既出,谁与争锋"的势头。

原子弹在日本爆炸后未再用于实战,然而美国的"绿色原子弹"却每天都在使用,趁你不注意的时候,趁你没觉醒的时候,趁你没发展的时候,它四面出击,大行其道。美国的"绿色原子弹",轰炸的远远不只是广岛和长崎,而是世界的每一个角落,它的轰炸甚至从一个人的婴儿乃至胎儿时期就开始了。它的影响力覆盖东西南北、男女老幼,甚至那些激烈反对美国的人也身不由己、不知不觉地支持它。

就像美国的原子弹爆炸引起世界核竞争一样,美国"绿色原子弹"获得的成功,也激发了世界各国的强烈兴趣:韩国科技与影视齐头并进,印度软件与电影同步输出,日本动漫与电子比翼双飞。

面对未来,中国核力量建设有条不紊,但在"绿色原子弹"建设方面,脚步还不够快。我国第一部文化产业专项规划《文化产业振兴规划》已经正式颁布,其他相关政策也陆续出台,但执行力度尚有待提高。在更广的范围内,中国仍然是一个大量出口电视机却很少出口电视剧的国家，是一个影迷大国而非电影大国，是一个网民大国而非网络大国，是一个人口大国而非人才大国。

究其原因，我们不是因为缺少了文化，而是缺少文化的科学运作模式，缺乏有效的资源整合力度和能力。文化产业就不匹配、不对位、不协调，也就减弱了先进文化的整体冲击力。站在21世纪的今天，竟然还有不少高端人士沉醉于"中国制造""土地经济"，对文化产业却不屑一顾。即使有人谈及文化产业，不是纸上谈兵，就是不得要领，更有甚者以文化产业作为跑马圈地的工具。

怎样才能缩小与其他国家的差距？如何从实体经济的迷思中突围？如何构建中国的文化产业链？如何构建中国的势力，真正从战略高度营造自己的吸引力，发展自己的生产力？如何让汉语像英语一样普及全球？如何让世界人民像了解和热爱美国文化一样了解和热爱中国文化？一言以蔽之，如何制造属于中国自己的"绿色原子弹"？

这一系列的问题经常让笔者食不甘味，于是便把平时的感受拉杂地记录下来，出版了《没有不可能》《大旗五千年》等几本小册子。在领导和朋友的肯定与鼓励下，笔者又把新的思考融入进去，辑为《蚂蚁变大象——论影响力与势力经济》。笔者想求教于各界专家学者，却又担心思考不够成熟、表达不够明朗、阐述不够透彻、诠释不够准确、逻辑不够严密，得不到读者的认同。党的十八大之后，习总书记多次指示要加强中国文化软实力建设。他说，"夯实国家文化软实力的根基，提高国家文化软实力要'形于中'而'发于外'，切实把我们自身的文化建设搞好，朝着建设社会主义文化强国的目标不断前进。"（中共中央宣传部：《习近平总书记系列重要讲话读本

（2016年版）》，学习出版社、人民出版社2016年版，第299页）他还提出要加快发展现代文化产业，推动文化产业结构优化升级，发展骨干文化和创意文化产业，培育新型文化业态等。读此讲话，真是"于我心有戚戚焉"，其中关于加强国家文化软实力建设的论述，为笔者多年来孜孜以求的势力经济指明了研究方向。

笔者以为势力经济这个领域的内涵太深、太广，它应该属于哲学、政治学、经济学、金融学、军事学、运筹学、管理学、社会学、心理学、人类学、生态学、文艺学等多学科交叉的边缘学科。但到目前为止，还有人只是停留在单一的学科里钻研，却未发现势力经济这块新大陆，似乎还没有学者专门对此进行过系统总结和阐述。笔者想就此先做个尝试性的研究探讨，但又感到有些孤军奋战。总书记的讲话，不仅是对笔者的莫大鼓励。今后，笔者将以更加充沛的精力，更加饱满的激情，投入到这样的思考与研究中去。相信通过我们的努力，会对中华民族崛起和复兴尽一份绵薄力量。

势力经济需要研究的内容博大精深，而笔者才疏学浅，不可能在短时间内对它展开全面深入的演绎和诠释，这本小册子不敢称其为学术论著，只算是尝试性地在这块未曾开垦的处女地里，栽上了一棵小树苗，期望它能在各界专家、学者的教诲和精心培育下，茁壮成长，为栋梁之材。同时，还企望它随着中国势力经济运行的发展而发展，完善而完善，今后成为一部完整、系统的专业学科——"势力经济学"。

以上思考是否妥当，恳望领导和专家不吝赐教。

引言
——什么是势力经济

当今社会已经进入"全球化"的时代。"全球化"时代表现出许多与以往任何时代都大为不同的特点,其中之一就是竞争方式的不同。过去,更多地依靠硬实力,而如今却更多依靠软实力。而软实力的一项重要标志,就是影响力、吸引力,以及由此产生的生产力。

当今,人类的竞争日益体现为影响力的竞争,可以说,当今社会已经进入一个影响力和吸引力为王的时代。国家也好,企业也好,要想在激烈的经济竞争、政治竞争和文化竞争中立于不败之地,就必须苦练内功,不断增强自身的影响力,并运用自身的影响力产生吸引力,作用于他人,作用于世界。

而影响力、吸引力和生产力的最终目的则是势力经济。

所谓势力经济,指的是某一政治、经济实体通过对自身资源的不断研究、挖掘、整合、重复、放大,采用最佳模式,利用最佳媒介,运用最佳平台,把资源整合成资本,整合成可评估资本、资产量化,聚集成现金平台,形成巨大的现金流,并通过文学艺术、传媒、影视、网络等视觉艺术,达到产生最大影响力、吸引力和生产力的目的,这样的经济模式就是势力经济。

所谓势力经济，是和规模经济相对而言的，如果说规模经济注重的是量的扩张，那么势力经济则更加注重质的突变，通过质变，产生资源裂变，用于再次、三次直至N次整合，产生再次、三次直至N次裂变，从而使自身的实力最大化，这样就能在经济、政治、社会、文化等多个领域产生更加深远的影响力和吸引力，产生更大生产力。那么，通过什么样的路径才能实现从规模经济到势力经济的转变呢？笔者想在此做一些探讨。

笔者认为，任何企业也好，机构也好，政府也好，只有经过借势、蓄势、造势、攻势几道程序或几个过程，才能达到强势的目的，实现从规模经济到势力经济的飞跃（见势力经济循环模式图）。

一、借势（上）
——从无到有、由弱到强的"秘密武器"

不管你同意也好，反对也罢，现代社会都已经变成了现"贷"社会。在这样一个时代，"借"已成为人们经常挂在嘴上的一个热门词。

一提起"借"字，人们就会不由自主地想到"借鸡下蛋"的俗语，想到"借尸还魂"的传说，想到"巧借东风""草船借箭"的典故。翻开辞典，发现里面关于"借"的成语竟然有近50个，借刀杀人、借古讽今、借花献佛、借风使船、借酒浇愁、借景生情、借题发挥……不一而足，看得出来，我们的老祖先对"借"字实在是理解得十分透彻。要不然，怎么能有五千年的辉煌文明？五千年文明史与借的关系，不仅在语言中留下了深刻的烙印，古人还为我们留下一个可以与四大发明相媲美的伟大发明：银行。世界上最早的银行诞生在中国的北宋时期。当时，四川成都一带商业极为发达，铜钱严重短缺，为了缓解这种压力，政府用比较廉价的铁来铸造铁钱，由于铁钱笨重、容易生锈、不便携带，那些经常携带大批现金外出的富商想出一个好办法，发明了一种可以取代钱币的券，称为交子。有了交子，就有了交子铺户，这就是现代银行的雏形。交子铺户是干什么的？是借钱的。名义上，它为那些携带巨款的商人保管现金，起到的只是保管作用，而实际上，那就是一种借，交子铺户把商人的钱借来，在自己手里存着。只不过，当时的规矩和现代银行不同，存款人取款时，要付给交子铺户3%的保管费，而不是像现在这样，要向银行收取利息。

随着经济的发展，交子的使用越来越广泛，许多商人联合起来，成立了专门发行和兑换交子的交子铺，并在各地设立分铺。由于交子铺户恪守信用，随到随取，所印交子图案讲究，隐做记号，黑红间错，亲笔押字，不易伪造，交子便赢得了很高的信誉，人们越来越习惯用交子支付货款，交子逐渐变成一种信用货币。后来交子铺户传到西方，得到广泛应用，成为现代人生活的重要组成部分。

借，不仅与我们的历史密切相关，也与我们的现实生活密不可分。进入商品经济社会，借不仅是当代人经济行为的一个重要特征，也是一个重要秘诀、一条重要捷径。不信你去研究一下那些大大小小的成功者，几乎每一个都是借的高手和快手。

不通过借的方式，能力有限的人将永远无法做出无限的事业。而因为借得及时、借得巧妙、借得高明，我们可以把别人的东西变成自己的东西，把别人的资源变成自己的资源，把别人的资本变成自己的资本。通过借，一个渺小的人可以变成一个伟大的人，一个跪着的人可以变成一个站立的人，一个爬行的人可以变成一个飞行的人，一家小企业能变成一家大企业，一家大企业能变成一家大的跨国集团。个人和企业如此，城市和国家也是如此。世界上最富有的国家是美国，可是你知道吗，世界上债务最多的国家也是美国。

2006年，举世瞩目的诺贝尔和平奖颁发给了格莱珉银行创办者尤努斯，以表彰他"自下层为建立经济和社会发展所做的努力"。尤努斯作为一个消灭贫穷的英雄获此殊荣。那么尤努斯是用什么样的手段为消灭贫穷而努力的呢？其实很简单，那就是借。他向那些穷人提供贷款，帮助他们改变生活，改变命运。30多年来，格莱珉银行为639万个贫困得连创业本钱都没有的人提供了贷款，凭借这笔贷款，其中有58%的借款人及其家庭已经从恶性循环步入良性循环，成功脱离了贫困线，站在了一个可以和普通人公平竞争的平台上。数以百万计的穷人之所以能够脱离贫困，并且拥有一个比过去美好得多的未来，并不是因为他们有什么与众不同之处，完全在于他们得到了一个好机会，走出了命运中最重要的一步——借，并且借到了。而更多人没有脱离贫困，也不是因为他们懒惰或者愚蠢，而是他们没有得到这样一个借的机会，因此就只能背负青天，面朝黄土，成为命运的弃儿，在一种被动的人生里受尽煎熬。

是不是只有穷人才需要借？而富人可以自给自足？肯定不是，尺有所短，寸有所长，穷人要发展，富人也要发展。人的欲望是没有穷尽的，欲望更多、梦想更大，富人的资金缺口反而更大。在这个瞬息万变的时代，任何人都需要借，穷人需要借，富人也需要借；老百姓需要借，企业需要借，甚至连政府也需要借。借使所有人都有了希望，使所有人都有了出路。借把小变成了大，把死变成了活，把被动变成了主动，把有限变成了无限。

说借容易，可是真正借到你想借的东西却绝非易事，无论是借钱还是借别的东西。

而借的最高境界，是借势。因为借具体的东西，都只是从局部着眼，借势却是从全局着眼。纵观古今中外、各行各业那些成大业者，无一不是审时度势并巧妙借势的高手。

让我们来看一个故事：有一只乌龟和一只海鸥打赌。海鸥说,"我能一口气把海水喝掉很多。"乌龟不信,海鸥就追着海水喝去,果然不大会工夫,海水退了不少。乌龟甘拜下风。后来它问海鸥这是怎么回事?海鸥说,"没有别的,我只不过善于借势罢了。我知道海要退潮,我跟着海潮跑就足够了,你不明白其中缘故,还以为海水是我喝下去的呢,我哪里有那么大的胃口!"

这个小故事说的就是借势的意思。许多人都认为是英雄造时势,其实只有英雄自己心里清楚,是时势造英雄。当然这并不是否认英雄自己的能力和价值,但我认为,英雄最大的能力和价值,是对于外面的"势"有一种天才甚至警犬般的敏锐,而常人却没有。这就是古人常说"识时务者为俊杰"的缘故。提起比尔·盖茨,为什么那么多人佩服得五体投地?因为他看清了世界的方向,一举成为领导潮流的领袖人物;提起阿里巴巴网站的创始人马云,为什么那么多人都竖起大姆指?因为他看清了电子商务将成为未来的主流模式……比尔·盖茨和马云的智商确实比普通人高,付出的努力也多,然而更难能可贵的,还是他们对于"势"的认识和把握。

1. 认识你自己——中西先哲的共同发现

一个人的命运,就是一部自我与外界的关系史,一部自我向外界借势的历史。

既然是自我与外界的关系史,就需要在认识外界之前,先对自己有一个清晰、正确的认识。《孙子兵法》上说:"知己知彼,百战不殆。"孙子把认识自己当作取得战争胜利的先决条件。无独有偶,在古希腊帕提侬神殿入口处,也刻着一行铭文"认识你自己",据说这句话是古希腊伟大哲人苏格拉底的名言。

孙子和苏格拉底两位古人所处国度不同，时代各异，两个人的职业与专业方向也不一样，但是他们所阐述的真理却如出一辙，那就是人都应该有一个充分清晰的自我认识，这是生存和发展的第一步，如果缺少这一步，人就会像无头苍蝇一样，在非理性的泥淖中挣扎。小到个人，中到企业，大到国家民族，要想有所作为，有所成就，就必须先认识自己。为什么人类都认为小孩子不成熟，没有生存能力？因为他们不认识自己，不知道自己的长处和短处，甚至不知道自己的需求，凡事都是心血来潮、跟着感觉走。而成人之所以不再是幼稚的孩子，而被冠以成人之名，就因为他们认识自己，知道自己的长处和短处，知道自己的需求。可以这样说，一个认识自己的人，才有可能成为一个有前途的人；一家认识自己的企业，才有可能成为一家有前途的企业；一个认识自己的民族，才有可能成为一个有前途的民族；一个认识自己的国家，才有可能成为一个有前途的国家。因为通过对自身的认识，我们可以清楚地知道自己是谁，我们的优势在哪里，我们的劣势在哪里，我们处于何种环境，我们需要什么，我们应该做出何种策略，我们有哪些资源可以开发，哪些资源可以列入近期开发计划，哪些资源可以列入中期开发计划，哪些资源可以列入远期开发计划，开发这些资源还需要什么样的配套资源和措施，我们应该通过什么样的模式运作，我们应该与哪些战略同盟联手，哪些同盟处于紧密层，哪些同盟处于松散层，哪些同盟处于半紧密半松散层，我们的潜在客户市场在哪里，我们将会遇到什么样的困难、阻力和风险，我们的行动会产生什么样的负面效应……只有对这一切烂熟于心，我们才能有的放矢，走出借势的第一步。

不能审时度势、认识环境，是一种愚昧；但是不能认识自己，却是一种更大的愚昧，因为环境不是孤立存在的，对于每一个人、每一家企业而言，环境都是量身订制的，认识环境必须把自己放在具体的环境中，把它当成我的环境，而不是别人的环境去认识。这样的认识，才能对我们的未来有建设性意义。而取得这样的认识，又离不开对自己的认识。在盲人摸象的故事中，那些盲人各执一词，成为笑柄，其原因并不在于他们不认识大象，而在于他们不认识自己。如果知道自己是盲人，有自身的局限性，那么即使对大象的认识片面，也会尊重他人的看法，兼听则明嘛！要对大象获得一个完整的认识，就不能那样固执己见，把自己有限的认识当作真理，与别人争得个面红耳赤。

2. 资源——一切整合的起点

盲人摸象故事中的那些盲人至少有一点是对的，那就是他们知道自己有什么样的资源，他们都知道自己有手，而手便有感觉。他们就是通过自己的手，来对大象进行判断和认识的。

认识自己的第一步就是了解自己拥有哪些资源。

21世纪，"整合资源"成为出现频率最高的词汇之一。无论是政府官员、企业领导，还是业务人员，都对"整合资源"津津乐道。可以说，一个人的奋斗，不是单打独斗，而是整合资源，是自我与环境"你中有我、我中有你"的互动。

大家都说资源，那么到底什么是资源呢？所谓资源，指的是一个国家、地区、企业、团体或个人所拥有的物力、财力、人力等各种具体和抽象要素的总和。

资源大体上可以分为自然资源、社会资源和精神资源三大类。自然资源包括阳光资源、空气资源、淡水资源、土地资源、森林资源、草原资源、海洋资源、沙漠资源、矿产资源、动物资源等；社会资源则包括政治资源、经济资源、文化资源等。精神资源则包括人的智商、情商、财商、记忆力、创造力、归纳力、领导力等。无论是自然资源、社会资源，还是精神资源，都可以通过整合，成为一个有机体，并转换为资本。

说到这里，可能又会有人问，什么是"整合"？所谓"整合"，就是通过整顿、协调，重新组合，使之优化，就是把一些零散、无序、闲置、无用甚至有害的资源，通过某种方式融合起来，成为一个正常运转、产生大量有形和无形效益的有机体，其所产生的效益，往往是多项之积，而非多项之和。

不仅当代社会需要整合，人类的一切行为都是整合行为。人类的历史就是一部整合的历史，整合甚至可以追溯到远古时期。以中国为例，无论是燧人氏钻木取火还是神农氏遍尝百草，无论是造纸术还是印刷术，都是整合，既是对自然资源的整合，也是对社会资源和文化资源的整合。我们日常生活中的衣食住行，都是整合。比如做菜，那就是一个特别常见的整合，没有对砧板、菜刀、煤气、火、锅、肉、菜、水、调料等资源的整合，一盘菜不仅做不出来，更不可能色、香、味俱佳地端上桌面，让人大快朵颐的。

曾经听过这样一个故事，一支探险队进入一望无际的冰原，他们被困在了那里，最要命的是，他们的火柴用完了！人类是世界上唯一会用火的高等动物，在那样的环境中，火更是难能可贵，冰天雪地，他们只能望着高高的太阳发呆。突然，队长灵机一动，从地上踢起一块冰，他拿着这块冰，专心致志地磨了起来。很快，他把手里的冰磨成了一面圆圆的凸透镜。他举起透镜对着太阳，阳光穿过透镜，变成一个光亮的小点照在地上，照在木柴上，把木柴点燃了！食物可以加热烤熟了，大家终于得救了。

冰是寻常的东西,阳光也是寻常的东西,然而在这位队长手里,它们却被整合成救命的火种!过去,冰原上没有火,只能由人从外面带来火种,然而船长利用冰原上现有的材料就"制造"出了火,这就是整合创造的奇迹。

在世界上,人类是最善于整合的,也是经常被整合的。人类的思想、语言、艺术、科学、哲学、创造、发明……无一不是整合的结果。音符只有7个,可是不同的音乐家却能谱写出不同的音乐,如莫扎特的华丽、贝多芬的悲壮、亨德尔的深邃、巴赫的沉郁……中国的文字虽然有48000字,但是常用的却只有3600字。可就是用这3600字,不同的作家写出了不同风格的作品,反映出不同的主题,如李白的豪放、苏轼的飘逸、鲁迅的尖锐……

整合应用于人类所创造出来的事物,也应用于人类本身。人类的一切社会活动,也无一不是整合。打个最简单的比方,一个抽烟喝酒打牌、缺少责任感的普通男人,一个描眉画眼、卖弄风骚、没有归属感的普通女人,如果他们产生了爱情,并缔结了婚姻,就有可能由两个孤立的、消极的个体组成了一个积极向上的整体,一个生机蓬勃的家庭。他们会挣钱、储蓄,买房子,生孩子,并为孩子的将来做好各种各样的计划。而这又使他们的家庭增加许多开支,增加许多乐趣,增加许多财富。子又生孙,孙又生子,长此以往,非常可能发展成为一个大家族……这就是整合,那个男人整合了女人,那个女人也整合了男人。如果没有整合,他们的人生将失去许多乐趣和意义。

个体如此,集体也是如此,尤其是具有行动力和战斗力的军队,更需要整合。法国皇帝拿破仑曾在一则日记中描述过马木留克骑兵与法国骑兵之间的战斗情形:"两个马木留克骑兵绝对能打败3个法国兵；100个法国兵与100个马木留克兵势均力敌；300个法国兵大都能战胜300个马木留克兵，而1000个法国兵总能打败1500个马木留克兵？"为什么人数越多，马木留克骑兵的战斗力却越弱，而法国骑兵的战斗力却随着人数的增加而增强了呢？这实际上是一个整合水平的问题。马木留克骑兵虽然身强体壮、骑术精湛，但各自为政、一盘散沙，不善于配合作战；法国骑兵则相反，虽然体力和骑术上都不占优势，但纪律严明，富有团队精神。单打独斗，双方主要是拼体力、搏骑术，无疑是马木留克骑兵占优势。然而战争不可能总是单打独斗，参战人数越多，严明的纪律和团队精神就越发显得重要。这就是法国骑兵能够战胜马木留克骑兵的秘密所在。

同理，回顾中国近代史，我们会发现，国民党虽然人数众多，装备精良，但最终却败在共产党手下，"小米加步枪"硬是打败了"飞机加大炮"。显而易见，由于各种主客观原因，国民党的整合水平远远低于共产党。

有则"夜郎自大"的寓言，说的是古代有一个国家叫夜郎国，说它是个国家，其实比现在的一个县还小，可是这里的国王却自以为天下第一，见到汉朝派来的使者，竟然问"你们汉朝大，还是我们夜郎国大"这样的愚蠢问题。夜郎国国王之所以会这样问，就是一种典型的不认识自己，更不懂整合的表现。这则寓言教育意义很深，常被用来教育那些骄傲自大的人，久而久之就成了一个成语。夜郎国是2000年前的历史了，但现在夜郎国国王却繁衍了很多"后代"。他们孤陋寡闻，抱残守缺，有一点资源和资产，就想指挥这、指挥那，固步自封，不想与他人联合，也不想有所作为。当整合成为一股不可阻挡的潮流时，他们却仍然独来独往。一个人如果在21世纪还抱着这种孤家寡人的僵念，难免就会成为现代夜郎国国王，或者马木留克骑兵。

3. 自然资源——势力经济之"基"

经济工作者也好，政治工作者也好，几乎每天都会说到"资源"二字，想到"资源"二字。我们平时所说的资源，有的偏重于物质层面，有的偏重于精神层面，那些偏重于物质层面的资源，就是自然资源。自然资源是我们生存的基础，世界上所有的生命都需要从自然资源中摄取自己所需要的能量才能存活和发展。那么究竟什么是自然资源呢？

所谓自然资源，指的是天然存在的物质。经过整合，自然资源能够变成产品、商品，为人类所用，产生经济价值。自然资源是人类生存和发展的物质基础，是社会物质财富的源泉。自然资源丰富多彩，人们经常把自然资源分为土地资源、矿产资源、森林资源、海洋资源、气候资源、水资源、生物资源等几大类。

（1）土地资源——房地产业的最后挣扎

土地资源是在目前的社会、经济和技术条件下可以开发利用的土地，是一个由地形、气候、土壤、植被、岩石和水文等因素组成的自然综合体。土地既是人类生产劳动的对象，又是人类生产劳动的产物，被誉为"财富之母"。千百年来，人类就在土地上"日出而作，日落而息"。随着现代化的深入，工业急剧发展，人口快速膨胀，有限的土地越来越不够用，这就造成了土地资源的稀缺性。同时，也给人们围绕土地进行的经济活动带来挑战。如果不充分挖掘土地的软性价值，仅靠挖掘土地的硬性价值，竭泽而渔的情况将会愈演愈烈。

（2）矿产资源——他山无石，如何攻玉

矿产资源指各种各样埋藏在地下或裸露于地表的矿物，矿产资源是地球内的各种元素成份经过长期的地质作用生成的，可以应用于工业科研领域，具有极大的经济和科研价值。矿产资源是重要的自然资源，是社会生产发展的重要物质基础。按其特点和用途，可分为能源矿产（如煤、石油、地热）、金属矿产（如铁、锰、铜）、非金属矿产（如金刚石、石灰岩、粘土）和水气矿产（如地下水、矿泉水、二氧化碳气）四大类。目前世界上已知的矿产有 1600 多种，其中 80 多种应用广泛。我们的祖先很早就会使用矿产资源，"黄金时代""白银时代""青铜时代"的说法，就是例证。现代社会是一个与传统农业社会完全不同的工业社会，矿产资源更是不可或缺。由于矿产资源的生成需要十分长久的时间，且储量有限，加之多年来的大量开发使用，所以矿产资源在近几万年的时期内是不可再生的资源。矿产资源既然是不可再生资源，这就意味着开发利用和整合矿产资源的行业，将会进入一个空前困难的时期。

（3）森林资源——"黄"如何吞噬着"绿"

所谓森林资源，是指林地及其所生长的森林有机体的总称。其以林木资源为主，还包括林中和林下植物、野生动物、土壤微生物及其他自然环境因子等。按说，森林可以更新，属于可再生的自然资源，是一种无形的环境资源和潜在的"绿色能源"。然而，由于人类的过度开采，生态平衡大大破坏，如今地球上的绿色在大面积减少，森林资源也面临枯竭的危机。那些单纯依赖森林资源的行业将岌岌可危，在未来面临巨大的挑战。

（4）海洋资源——有待不断认识的神秘世界

海洋资源指的是与海水水体及海底、海面本身有着直接关系的物质和能量。主要包括海水中生存的生物，溶解于海水中的化学元素，海水波浪、潮汐及海流所产生的能量、贮存的热量，滨海、大陆架及深海海底所蕴藏的矿产资源，以及海水所形成的压力差、浓度差等。地球表面上70%都是海洋，海洋是许多动植物的生活之地，海洋拥有陆地上没有的多种动植物种类，种类数量甚至比陆地更多，海洋中还有相当多未被发现的生物品种和许多陆地上没有或稀有的矿藏，海洋中还有丰富的石油和天然气。关于海洋，人类尚需要进一步认识，也许未来，人类将会从海洋中发现更多的未知资源，为人类提供更多的资源。

（5）气候资源——是资源还是灾害

气候资源是指能为人类经济活动所利用的光能、热量、水分与风能等，包括太阳辐射、热量、水分、空气、风能等。气候资源是一种取之不尽，又不可替代的资源。气候资源是一种十分宝贵的自然资源，可以为人类的生产劳动提供丰富的原材料和能源。与过去人类所大量利用的其他资源相比，气候资源往往处于一种"看得见、难摸着"的状态，人类对它们的认知、研究和使用尚有许多盲点，随着人类的不断进步，在未来社会，气候资源将会找到更多用武之地。

（6）水资源——地球母亲正在干涸的"眼泪"

水资源是指地球上水圈内水量的总体，包括海洋、江河、湖泊、井、泉、潮汐、港湾和养殖水域等。水是自然资源的重要组成部分，是所有生物的结构组成和生命活动的主要物质基础，是连接所有生态系统的纽带。水资源对生物和人类的生存具有决定性的意义。水应用于人类生活与生产的方方面面，可供饮用、发电、航运、养殖、灌溉等。生活中，没有一个人能离开水；生产中，没有一个行业能离得开水。由于水资源分布与使用不平衡，目前地球上许多地方经常出现水荒。那些依赖于水资源的行业，在未来都需要在观念和技术上升级。

（7）生物资源——是可再生资源，还是不可再生资源

生物资源是指可供人类利用的各种生物，包括动物资源、植物资源和微生物资源。目前地球上大约有数百万种生物，其中绝大多数是无脊椎动物和植物。生物资源在经过使用之后可以通过本身的繁殖再生产出来，从这个层面上讲，生物资源属于可再生资源。人类对生物资源的开发利用历史非常悠久，早就发现了生物的食用价值、药用价值和经济价值，并将生物应用于工业、医药、交通等行业，用它们提供原材料和能源。人类的衣、食、住、行、卫生保健，都离不开生物资源。但是由于生物资源生命的脆弱性，加之近代工业革命以来，人类对生物资源无度滥用，忽略了生态平衡，导致生物生存的环境破坏，地球上的物种大量减少，可再生资源从很大程度上沦为不可再生资源，生物资源的危机给人类的未来蒙上一层阴影。如何对生物资源进行科学经营和管理，为人类永续利用，是一个新的课题。

人类的一切经济活动，都是对资源的整合。一个国家也好，一个企业也好，一个人也好，它越落后、越低级，对自然资源的依赖性就越高，对资源的整合方法也越单一，整合层次也就越低，如国内的许多房地产、农业和矿产企业；反之，它越先进、越高级，对自然资源的依赖性就越低，对资源的整合方法也越多元化，整合层次也越高，如美国的好莱坞、微软等。企业要想在未来生存并发展下去，仅仅用传统的方法整合自然资源已经捉襟见肘，必须做好足够的心理准备，完成整合对象的转变和整合方式的提升，否则无异于竭泽而渔，迟早会出现危机的。

4. 社会资源——势力经济之"业"

刘备建立蜀汉，他所走的第一步棋是什么？是桃源三结

义。桃源三结义，不是一次普普通通的"拜把子"，而是刘备一生中最伟大的作为，因为他完成了生命中最早也最有意义的一次社会资源整合。这次整合虽然没有增加地盘，没有增加资金，没有增加武器，却让刘备这个一无所有的"光杆司令"拥有了一个具有高度凝聚力的团队。刘邦能建立大汉王朝也是如此，他之所以能击败项羽，是因为成功整合了张良、韩信、萧何的各自优势。

资源整合，首先体现为对社会资源的整合，尤其是对人的整合。整合社会资源常常比整合自然资源更重要、更迫切，也更复杂。因为社会是人的社会，人除了本能的自然属性外，还有其自然属性赖以生存的社会环境，即社会属性。人的社会属性包括人的政治属性、经济属性、精神属性、文化属性等，这些属性已经使人所掌握的自然资源也充分社会化了。在我们赖以生存的地球上，几乎没有什么资源是独立于社会之外的纯自然资源。即使阳光和空气，即使南极这块貌似无主的土地，也都或多或少地具有某种社会属性，被打上深深的社会烙印。虽然南极不是任何国家的领土，但是许多国家都加入了《南极条约》，这就使南极具有了某种社会属性。比如，在中国科考南极长城站和中山站插着中国国旗，外人要想轻易过来，恐怕不会像去邻居家串门那样轻松，因为它是"属于"中国的，要想整合这个资源，恐怕更得征求中国政府的同意。

所以说，没有纯粹的自然资源。要想整合自然资源，我们必须先整合社会资源。每一个政治家、企业家都必须是一个"整合人的专家"，即协调好各种各样人的关系。没有对社会资源的整合，就根本谈不上对自然资源的整合。归根结底就是要整合形形色色的人。我们经常说"以人为本"，道理就在这里。对我们所要整合的社会资源进行细分，又可分为政治资源、经济资源、信息资源、客户资源等。

(1) 经济资源——势力经济之门

经济基础决定上层建筑，这是一个常识。上层建筑不可能离开经济基础而独立存在，它必须与经济基础相克相生、共同发展。

我们应该好好地整合经济资源。经济资源包括资金资源、技术资源、信息资源、客户资源、人才资源，等等。某一项目运作顺利与否、某一企业经营成功与否，从很大程度上都取决于其对经济资源占有数量的多寡、质量的高低，取决于其对这些资源整合水平的高低。只有把经济资源整合好了，才可以使其发挥最大化效能，利益最大化。

所谓资金资源，指的是你的钱从哪里来。资金，是一切经济行为的核心，用以前的话说叫"有钱能使鬼推磨"，用现在的话说叫"资本为王""现金为王"，实际上都是这个意思。在现代社会，钱虽然不是万能的，但没有钱却是万万不能的。因为资金是一切经济行为的灵魂，没有灵魂的人，如同行尸走肉。没有灵魂的企业和项目，也会成为一具空壳。个人也好，企业也好，政府也好，都得有自己的资金来源。

看过《隋唐演义》的人都知道秦琼卖马的故事，看过《水浒传》的人都知道杨志卖刀的故事，宝马和宝刀都是无价之宝，怎么会沦落到街头吆喝贱卖的地步？因为他们遇上了困难，一分钱难倒英雄汉。

个人没有钱，就得想办法挣钱，或者先借一点抵挡一阵；而企业没有钱，更需开动脑筋去融资；甚至一个国家没有钱了，也会动员大量经济学家集思广益，广开财路。不论是对外开放，还是招商引资；不论是发行国债，还是吸纳存款；不论是发行股票，还是拉动内需；不论是调整税收政策，还是加大货币供应……都是拓宽资金来源、整合资金资源的重要手段。无论是美国的曼哈顿，还是北京的金融街，它们不仅占据了风水宝地，而且建筑都十分雄伟壮观。为什么？因为金融家有钱，他们是人人都想整合的经济资源的拥有者。要想在市场经济中如鱼得水，必须先整合好这些金融机构、金融人士，否则当你的资金链断裂的时候，肯定会像当年巨人集团的史玉柱那样，叫天天不应，呼地地不灵。

(2) 技术资源——势力经济之柱

光有资金资源是不够的，你还得有技术资源。如果说资金是一笔死钱的话，那么技术则是一笔活钱。资金是金子，技术则是点金术。

所谓技术资源指的是你所掌握的技术，有关生产劳动的各种经验、知识和技巧，以及用于生产的技术装备。你掌握了什么技术，是新技术，还是老技术？是硬技术，还是软技术？这都关系到你未来的生存与发展。技术领先，就可以让你一招制敌，这一点已经多次为人类历史所证明。先进的技术无论是用于生产，还是用于战争，抑或是用于生活，都可以改写命运，改写历史。铜器就比石器厉害，铁器就比铜器先进，电力就比畜力发达，而核能则超过了人类过去的所有能源。中国在古代1000多年都一直遥遥领先于世界，就因为我们的祖先掌握了当时世界上最先进、最前沿的科学技术。而进入近代以后，中国处处挨打，遭受各国列强的欺侮，就因为中国在科学技术上已经没落，落在了西方的后面。改革开放近40年来，中国为什么这样热衷于和其他国家合作？就是因为这些国家不仅有钱，更重要的是，他们掌握了先进的科学技术。这些科学技术当然不能白白送给我们，我们要是不花钱买，就得拿其他资源去换。美国可口可乐公司为什么那样横行无阻？就因为他们拥有可口可乐的配方。不管这个配方技术含量有多大，反正没有它，你就做不出同样口味的饮料，也没有那样高的知名度和美誉度。虽然与网络技术、核技术、航天技术相比，可口可乐的技术不足挂齿，可是凭借它的技术、品牌和势力，已创造了自己的影响力。你搞不出来，或者即使你搞出来了，也不具备与其抗衡的力量，只能自生自灭，听人摆布。许多人既没有工厂，也没有工人，却成为巨富，为什么？因为他们有技术，如果为别人服务，可以拿高薪；如果卖知识产权，可以卖高价。知识就是力量、知识改变命运，在这里得到了最好的诠释。正是因为拥有技术资源，中国人一直以中国古代"四大发明"而骄傲；正是因为拥有技术资源，比尔·盖茨多次荣登福布斯富豪榜首……现代社会，技术为王，掌握一点有用的专利技术，就可以获得大大的利润。

技术其实未必是高不可攀的东西，捅破一层窗户纸，往往会发现，不过如此。在光学制造行业，人们往往对德国的镜片技术赞不绝口，因为德国镜片的精密程度，远非其他国家产品所能比拟。然而有一天秘密被透露出来了，原来德国镜片只不过在一个工序上和别人不同，那就是玻璃在高温下融化的时候，多搅拌几次。就像中国北方人做面食一样，要把和好的面揉到位。

有一段时间，日本某味精公司销量下滑，公司老板十分头疼。于是向职员们征求意见，结果一个职员的意见得到了采纳，将味精瓶上的小孔由直径 1 毫米扩大到 1.5 毫米，消费者一不小心，就会多倒一些，这样一来，味精的销量就大大增加了，使公司渡过了难关。把小孔捅大一些，这是毫无技术含量的做法，然而最聪明的办法往往是最简单的办法。这也是一种技术，自然，提出这一建议的员工得到了嘉奖，而且是技术奖。

（3）信息资源——势力经济之要

下面再来说说信息资源。信息，台港地区称为资讯。为什么称为资讯呢？是他们哗众取宠吗？不，因为信息就是金钱，信息就是财富，既有金钱，又有信息，我觉得台湾和香港地区的说法更准确。所谓信息资源或者资讯资源指的是你采集信息、甄别信息、分析信息、加工信息、传播信息的能力。所有的生命都与信息有关，植物如此，动物更是如此。蚂蚁的触须、小猫的胡子、蝙蝠的耳朵、狼的鼻子、臭鼬分泌臭气的臭腺……这都是信息仪器，有的用于信息的发射，有的用于信息的接收——信息资源整合。而人类，更是信息化的存在。可以这样说，一部人类历史，就是一部信息的历史、一部信息采集史、一部信息甄别史、一部信息分析史、一部信息加工史，以及一部信息传播史。人类的每一次重大技术进步和社会进步，都与信息加工技术和传播技术的提高即信息革命有关。

据历史学家研究，在人类历史上，总共出现过五次信息革命，第一次是语言的出现，第二次是文字的出现，第三次是造纸术的发明，第四次是活字印刷术的发明，第五次是电脑网络等高科技技术的发明与应用。这五次信息革命，都带来了人类社会突飞猛进的、革命性的伟大进步。

那些掌握了先进信息技术的国家，更是远远走在了其他国家的前面。比如日本，作为一个资源紧缺、文化封闭的岛国，日本经过明治维新之后，竟然就能迅速崛起，超越中国，跻身于列强行列，这与日本人重视信息技术有关。且不说唐朝时，日本即派遣大量遣唐使来中国学习中国文化；也不说明治维新前后大量学习西方文化，即使在第二次世界大战结束，日本被钉在战败国的耻辱柱上之后，他们对于信息仍然十分重视。据记载，二战之后，日本派出 1 万多人到美国学习新工艺和管理技术，并陆续学成回国。令美国人惊讶的是，这些留学生几乎把西方的所有技术都掌握了，而这笔花费只有美国每年研究经费的 1/10，约 25 亿美元。正是因为有这种如饥似渴地追求信息资源的精神，作为战败国的日本才能在二战之后的短短时间内，再次崛起，成为世界强国。

还有一个故事，20 世纪 60 年代，出于战略上的需要，日本特别关注中国石油的发展。那时他们注意到中国报纸上关于铁人王进喜到马家窑时说的一句话："好大的油海，把石油工业落后的帽子丢到太平洋去。"他们又联系王进喜的其他言行，准确地分析出大庆油田的地理位置，随后又根据中国报纸上一张炼油厂反应塔的照片推算出大庆炼油厂的规模和能力。

20 世纪 80 年代初，可怕的艾滋病悄然在美国出现，只要在性接触中稍有不慎就会惹上它，而且一旦感染便无药可救，只能在痛苦中慢慢地死去！小小的避孕套却可以帮助那些对此绝症心怀恐惧的人们免遭亡身之祸，避孕套也因此改名换姓，被称为"安全套"。美国避孕套需求量大增，本土供不应求，造成市场脱销，这个消息被两个原来就生产安全套的日本人知道了，他们马上大量招工，开足机器，三班运转，最大限度地生产，以满足美国人的需要，庞大的美国需求市场使他们很快就赚得盆溢钵满。

据报道，在日本本土，专门设有一幢楼的广播监听室，有 8 名监听人员 24 小时监听和收录中国中央及地方电台广播节目，并立即整理，制成卡片、分类存档。他们这样殚精竭虑，是在寻找什么？就是在寻找信息资源！

如今，人类正在经历第五次信息革命，这次信息革命对人类的影响远远超出前四次。信息革命有利也有弊，在电脑网络等高科技技术大面积发明与应用、信息迅速爆炸的时代,这些技术和手段,既为我们获得海量信息大开方便之门,也造成了一个过去前所未闻的崭新局面,那就是像交通拥堵一样令人棘手的信息拥堵。就像信息匮乏会妨碍信息的有效传播一样,信息拥堵也会制约信息的传播。信息缺乏会使人无所适从,信息太多也会让人无从下手。如今,只要打开网络,随便键入一个关键词,不到一分钟就有成千上万的相关信息跳入你的眼帘,这其中,绝大多数都是重复、无用的信息垃圾,浪费你的时间,浪费你的精力,导致你的办公成本上升。手机的情况也与此相似。垃圾可恶,但你又无法回避它们,因为你想要的信息也埋藏在其中。如何沙里淘金,从这些垃圾信息中去伪存真、去粗取精,像蜜蜂采集百花一样酿成自己的蜂蜜,并非易事。如果你没有这种人才和能力,那么你必然会像刘姥姥进大观园一样雾里看花。信息财富也好,信息垃圾也罢,都在信息资源的范畴,就看你怎样进行整合了。

(4) 客户资源——势力经济之重

说完信息资源,现在该说说客户资源了。记得伟大的作家高尔基曾经对文学下过这样一个结论:"文学是人学。"其实不仅文学,所有的社会科学都是人学,自然科学是以大自然为研究对象的学问,而社会科学则是以人为研究对象的学问,经济学更是一门关于人的学问。经济学离不开资源,而在所有的资源中,人的资源是最大的资源。人的资源,有内部资源和外部资源两种,内部资源包括股东资源、员工资源;外部资源除了上面说到的政治资源、资金资源、技术资源、信息资源以外,还有一大板块十分重要,那就是客户资源。提起客户,大家往往会把这个概念狭隘化,似乎客户就一定是顾客。这样说虽然也对,但是并不全面,我所说的客户资源,其外延要比这宽泛。我所说的客户资源指的是你所掌握的潜在合作者，这些合作者既可能是你产品和服务的购买者，也可能是你的投资人、合伙人等。一言以蔽之，客户就是用资金、时间、精力、劳动，甚至生命为你买单的人，应该得到你足够的尊重。

许多商家说，顾客就是上帝。这话虽然有些夸张，但是说客户是所有经济工作者的衣食父母，则不会有多少人反对。表面看来，你做食品，你搞饮食，是为顾客提供食物；其实，是顾客为你提供食物。不是没有你，顾客就会饿死，而是没有顾客，搞饮食的老板就会饿死。其实不光食品行业如此，所有行业都是如此。商家千万别觉得自己为顾客提供了什么，而是顾客为我们提供了一切，我们应该时时对客户怀着一颗感恩的心。因为我们的一切都装在客户的需求里，装在客户的腰包里。没有客户，就没有人购买我们的产品，就没有人接受我们的服务，就没有人认同我们的理念。没有客户，纵然你有百步穿杨之功，也只能无的放矢。正因如此，许多公司特别注重客户服务，从售前、售中到售后，每一个细节都处理得尽善尽美。因为他们深刻地明白，客户是他们的资源，对这种客户资源稍加整合，就可以产生资本，甚至发生不可思议的裂变，引起"蝴蝶效应"。而如果得罪了他们，就等于砸了自己的饭碗，等于慢性自杀，有时候甚至会像一声咳嗽引起雪崩那样，引发巨大的灾难。这些年，不少企业口碑不佳，都是因为他们丧失了对顾客的诚意，如丰田、惠普都沾染了"店大欺客"的毛病，遭到抵制，甚至在央视"3·15"晚会上被曝光，得不偿失。而与他们相反，青岛的海尔集团之所以能从一家普通企业发展成为一家在全球 30 多个国家拥有 240 多家法人单位、全球员工总数超过 5 万人、营业额超过 1000 亿元的跨国企业集团，其中一个诀窍就是他们注重客户资源。而曾经无限辉煌的三鹿集团一夜之间灰飞烟灭，则是因为他们未能针对三聚氰胺奶粉事件进行危机公关，化解客户的愤怒，最终受到市场的严厉惩罚。

人才资源的重要性大家已经耳熟能详，就连电影《天下无贼》中的"贼王"也知道21世纪最重要的是人才。在古代，由于社会不发达，人才选拔和作用机制很不健全，人才被闲置和浪费的现象极为严重。唐代伟大文学家韩愈就曾在《马说》中发出"千里马常有，而伯乐不常有"的慨叹。如今，时代已经为之一变。如今的情况是，企业林立，机会众多，是金子总会找到发光的机会。韩愈所说的那种局面早已一去不复返，取而代之的是"伯乐常有，而千里马不常有"。不知不觉中，人才市场已经从买方市场转变为卖方市场，虽然裁员之风一直在刮，刮遍了各个行业、各家企业，但对于那些真正学有所长的人才而言，企业的人才竞争一直是白热化的。企业之间的人才竞争，已经不是单纯的人才竞争，而是人才机制的竞争，是伯乐的竞争，是待遇的竞争，是管理的竞争，是激励机制的竞争，是发展前途的竞争。假如一家企业没有一套良好的培养人才、重用人才、留住人才的机制，再优秀的人才也会迅速流失，有些人才甚至会流入商业对手那里，成为竞争的劲敌。鉴于此，企业必须很好地整合人才资源。美国硅谷之所以能够成为世界最知名的电子工业集中地，吸引了美国各地和世界各国的100万以上科技人员，其中包括近1000位美国科学院院士、30多位诺贝尔奖获奖者，就是因为硅谷有一套十分良好的人才整合机制，真正做到了"天下英雄尽入吾彀中"。

5. 文化资源——势力经济之"家"

社会资源，有些是实的、有形的资源，有些则是虚的、无形的资源。与那些看得见、摸得着的有形资源相比，每一个民族、每一个地区都引以为豪的文化资源就是无形资源。

所谓文化资源，指的是某一国家、某一民族、某一地域经过多年的历史传承，慢慢积淀下来的精神遗产。文化资源表面看起来无形无相，比较虚，但是它具有极大的开发空间，因为文化可以赋予有形资源前所未有的巨大附加值。任何实的资源，如果不与虚的资源结合，那么它就像没有翅膀的鸟，没有放盐的菜。实的资源只有与虚的资源结合，让虚的资源给它带来附加值，才能在价值评估中占有优势。比如，一个茶杯是一种资源，然而如果仅仅是一个光秃秃的茶杯，那么它的价值并不大。然而如果我们请人在上面画上一幅好看的画，那么它就具有了文化附加值。同样是画，又要看是谁的画，是小孩的信手涂鸦，还是艺术家的原创作品。同样是艺术家的作品，也得分三六九等，要看是街头艺术家的"急就章"，还是艺术大师的大手笔。艺术大师，也还要看他是哪个年代的大师，是当代的，还是现代的，是近代的，还是古代的，他依然健在，还是已经作古。当然我们还要看这位画家来自哪个国家，是中国人，还是外国人，是古典派，还是现代派……这些差异，都会使某一资源的文化附加值千差万别。需要注意的是，就像文化不易把握一样，文化给有形资源带来的附加值也不容易把握，它不是一个常量，一点也不恒定；而是一个变量，非常活泼。整合方法的变化，整合主体的更换，都会使最终的结果截然不同。也正因如此，我们在通过自己的运作，把文化附加值赋予某一资源时，可以拥有更大的自由空间。

其实，增加实体资源的附加值，就像是镀金，一经镀金，身价翻番。增加实体资源附加值的最主要手段，就是整合与它相关的文化资源，进行包装和营销。譬如说某地拥有一座山，多年来一直名不见经传。突然有一天，一位白发苍苍的老者说，当年孔子曾经攀登过这座山，而且说得神乎其神。尽管这一消息真假难辨，但是经过媒体宣传，仍然迅速传开。看到这一消息，人们充满了好奇，纷纷慕名而来。又有一些文人墨客，索性编出几段故事，说得有头有尾、有鼻子有眼。这些故事又引起了当地政府和商家的重视，他们投资把这些故事拍成了电影、电视剧，到处播出，一下子传遍了全世界，使得各地游客纷至沓来……人流带来物流，物流带来现金流，现金流带来一切。这一地区成为旅游胜地，当地各行各业就都开始繁荣起来。

在我的湖南老家村旁，流淌着一股刚刚从地层深处奔涌出来的大清泉，水质清冽透澈，水量可泛小舟。当地人世代都直接饮用这股清泉水繁衍生息，要用它做水基生产矿泉水，可谓天然纯正。就算是长时期天干水旱，它总是保持守恒水量长流不息，因此流传着许多美丽动人而又神秘离奇的故事，加之年复一年的传播与扩散，越传越神。也许是取水者的无意而为，说水已被神仙点化成仙水，喝后能治百病、能消千灾。消息不胫而走，一时间车水马龙，来这里观光取水的人越来越多。全省各地不知多少人像每年夏天去南岳朝圣取水一样，专程来寻取免费的泉水。这是增加实体资源附加值的又一例证。

那么，可以用来增加实体资源附加值的文化资源有哪几类呢？其实无论哪个民族、哪个国家、哪个地区，其文化资源大体上都可分为人文文化资源、历史文化资源、地域文化资源、行业文化资源、少数民族文化资源等。而对于我们中国人来说，这五大资源的丰富程度，是其他国家望尘莫及的。

（1）人文文化资源——势力经济之"衣"

中国的人文文化资源非常丰富，从《周易》《诗经》到《楚辞》，从唐诗、宋词到元曲，诸子百家，三教九流，古圣先贤们留下的每一篇文章、每一首诗歌、每一句话、每一个词汇，都融入了我们的文化血液，祖先留下的陵墓文化、帝王文化、后妃文化、军事文化、国防文化、节日文化、成语文化、科举文化、文官文化、航海文化、旅游文化、行业文化、饮食文化、医药文化、婚姻文化、书法文化、绘画文化、纺织文化、建筑文化、服装文化、酒文化……无不博大精深，如果加以很好运作，都能转换成为文化产品，特别是转换成为广大观众喜闻乐见的电影、动漫和电视剧，拿到国内外市场上去"过关斩将"，并成为巨大的利润增长点。

（2）历史文化资源——势力经济之"食"

地球上的所有生命都有历史，然而只有人类才有历史感。这种历史感铸就了每一个民族千姿百态的文化性格与品格。中国是一个拥有五千年悠久历史的文明古国，是世界上唯一一个完整保留了史传传统的国家，也是唯一一个长期保持了政治大一统的国家。中国的历史典籍数不胜数，抛掉车载斗量的野史不算，中国仅正史就有"二十四史"，除了《史记》之外，还有《汉书》（汉·班固）、《后汉书》（范晔、司马彪）、《三国志》（晋·陈寿）、《晋书》（唐·房玄龄等）、《宋书》（南朝梁·沈约）、《南齐书》（南朝梁·萧子显）、《梁书》（唐·姚思廉）、《陈书》（唐·姚思廉）、《魏书》（北齐·魏收）、《北齐书》（唐·李百药）、《周书》（唐·令狐德棻等）、《隋书》（唐·魏征等）、《南史》（唐·李延寿）、《北史》（唐·李延寿）、《旧唐书》（后晋·刘昫等）、《新唐书》（宋·欧阳修、宋祁）、《旧五代史》（宋·薛居正等）、《新五代史》（宋·欧阳修）、《宋史》（元·脱脱等）、《辽史》（元·脱脱等）、《金史》（元·脱脱等）、《元史》（明·宋濂等）、《明史》（清·张廷玉等）。"二十四史"，从汉武帝时起，到清朝乾隆年间止，经过历代史学家们编著积累而成。这套史书，总共约有4000万字。它跨越的时间，从第一部《史记》记叙传说中的黄帝起，到最后一部《明史》记叙到明崇祯十七年（1644年）止，前后历时4000多年，可以说是一部系统、完整的中国"编年大史"……这笔宝贵的资源，是一座取之不尽、用之不竭的富矿，永远也开掘不完。

（3）地域文化资源——势力经济之"药"

中国有23个省、5个自治区、4个直辖市、2个特别行政区，300多个地级行政区，2000多个县级行政区，乡镇更是不计其数。这大大小小的地区，每个地区都有一段悠久的历史，每个地区都有一串传奇的故事。不同的山川、不同的物产、不同的生态、不同的建筑、不同的方言、不同的饮食、不同的风俗、不同的戏曲，构成了各个地区不同的地域文化。这是前人为我们留下的一笔丰厚遗产，只要进行整合，那一地区美丽的风光、独特的历史、灿烂的文化，都可以推到全国13亿人民，甚至全世界60亿人民面前，产生源源不断的财富。也许会有人忍不住跳起来说，我从事的是传统行业，对你所说的文化资源没有兴趣。相信许多企业家都会或多或少存在这样的想法。

在这里，我要当头棒喝一声：这只是一种目光短浅的看法。在这个整合的时代，整合文化资源并不是文化产业的专利，而是所有产业的需要。进入新世纪，运作一个单一行业风险变得越来越大，必须虚实结合、立体作战，开辟新的战场，降低潜在风险。而这就使文化资源找到了用武之地，因为文化资源可以使某一个行业的空间变得更大，具有更多可能性。另一方面，企业要想建立自己的公众形象，提升自己的符号价值，都必须拥有自己的企业文化，用自己的企业文化将自己的知名度和美誉度提升一个新的高度。而做企业文化，不能空穴来风，你必须整合文化资源，在你的企业文化与公众心目中的文化中间架起一座桥梁，否则你的企业文化将成为无本之木、无源之水。

（4）行业文化资源——势力经济之"茶"

俗话说，三百六十行，行行出状元。行业文化，是中国文化的一个重要组成部分。中国的行业文化可以追溯到远古的神话时期。据记载，燧人氏发现了火，是中国最早的厨师；有巢氏发明了房屋，是中国最早的建筑师；神农氏尝百草，是中国最早的农艺师和医生……经过5000年的发展，中国的行业文化越来越成熟，到了唐朝，我国已有"三十六行"之说。据宋人周辉所著《清波杂录》记载，唐代的三十六行是指酒行、肉行、米行、茶行、柴行、纸行、巫行、海味行、鲜鱼行、酱料行、花果行、汤店行、药肆行、宫粉行、成衣行、珠宝行、首饰行、文房行、用具行、棺木行、针线行、丝绸行、件作行、驿传行、铁器行、玉石行、顾秀行、扎作行、皮革行、纲罟行、花纱行、杂耍行、鼓乐行、故旧行、彩兴行、陶土行。到了两宋，生产力进一步发展，新的行业也逐渐增多。宋人孟元老《东京梦华录》称宋有一百二十行，可见宋朝的新行业已经比唐代大大增加，几乎翻了两番。到了明朝，社会分工大大超越宋元两朝，新行业层出不穷，"三百六十行，行行出状元"的俗话，就是从那时开始流行起来。这些争奇斗艳的古老行业中，有许多都是中国所独有的，譬如中国的医药文化、丝绸文化、陶瓷文化、饮食文化、酒文化、茶文化等，都是其他国家所没有的，或者虽然有，却缺少连续性的。这些资源，都可以经过整合，为我们创造利润。

（5）少数民族文化资源——势力经济之"酒"

自古以来，中国就是一个多民族的国家。现在，中国有56

个民族。特别是 55 个少数民族，由于千百年来的历史传承，他们的生活方式、生活习惯和生活观念都不同于汉族，颇具神秘气息。加之少数民族的生活环境大都在边远地区，或在高山密林深处，或在戈壁沙漠旁边，或逐水草而居，或靠渔猎而活，不同的居住环境、不同的生活方式、不同的语言文字、不同的穿着打扮，渐渐形成了不同的民族性格。这些少数民族有的热情豪放，有的诙谐幽默，有的能歌，有的善舞，如果把他们的生活方式、生活习俗搬到银幕上，必然与汉族截然不同。

这些少数民族文化资源，是一座包罗万象的宝库，加以整合，可以绽放出美丽的资本之花。无论是利用它们开发旅游资源，还是拍摄影视剧，都能形成近期的轰动效应和长期的后续效应，带来关注、带来影响力、带来人流。

现在许多人都喜欢到云南旅游，为什么？因为大家都看过电影《阿诗玛》和《五朵金花》。由于时间久远，这两部电影的故事情节渐渐被人淡忘了，但影片中那荡气回肠的音乐却给人留下了深刻的印象，多少年后都难以释怀，非要到故事发生地和影片拍摄地去看一看不可。据专家估计，《阿诗玛》形象累计给云南带来直接经济效益达 1000 亿元，借助《五朵金花》宣传而名声大振的、有"一苦二甜三回味"之说的"三道茶"每年直接创利 3.3 亿元。

这几年，到云南旅游的游客又把目光对准了丽江，除了独特典型的视觉文化、丽江的城镇规划布局和建筑的造型艺术以外，大多数是因为丽江还为世界贡献出了一个音乐家——宣科。

从表面看，宣科这位纳西族老人只是一个古怪的退休教师，并没有什么特殊之处。可世界上许多音乐爱好者一听到他的名字，就疯了一般地涌入丽江，不是因为宣科，而是因为音乐。宣科是纳西古乐的最后传人,是纳西音乐的活化石,他的身上包含了纳西音乐的全部信息、全部味道。音乐具有的神奇魔力实在太大,只需一串音符就可以跨越地域、跨越语言、跨越种族、跨越阶级,对于厌倦了都市生活的现代人而言,古色古香的纳西古乐吸引力更大。于是,宣科红了,丽江火了。据不完全统计,近些年来,专程前来聆听丽江纳西古乐的国内外听众络绎不绝,每年都有数十万人次,他们中既有文化名人、电影明星,也有政界要人,甚至连挪威国王哈拉尔五世也对宣科和他的纳西古乐佩服得五体投地。人到丽江,不能光听音乐,他们还得住宿、吃饭、爬山、购买纪念品,这一来,大量的钱就不知不觉花在丽江了,丽江的区域经济就被带动起来了。

其实不光中国,在任何一个国家,少数民族文化资源都是一件制胜的法宝。电影《与狼共舞》就是这样一部优秀作品。《与狼共舞》的导演当时并无多大名气,然而由于《与狼共舞》选材独特,格调清新,大气磅礴,影片一经上映,迅速受到各界好评,被誉为"一部不落俗套的史诗般的西部片",并获得奥斯卡奖在内的多项国际大奖,印地安文化也因此受到各国观众的关注。影片中"文化多元共生"的思想,更是深入人心。这就是少数民族文化的力量。

正是基于以上认识,我认为任何企业、任何组织都应该整合文化资源,谁整合得早,谁整合得好,谁就赢得了取胜的先机。

6. 时间也是资源——势力经济的"广阔轨道"

我们所赖以生存的这个世界被称为宇宙。什么是宇宙?所谓"宇",指的是无限的空间,"宙"则指无限的时间。可见,时间不仅是哲学的重要命题，也是我们生存的必要条件，正因为此，时间是无限珍贵的。古人说："一寸光阴一寸金，寸金难买寸光阴。"对于病人来说，时间就是生命；对于商人来说，时间就是金钱；对于军人来说，时间就是胜利。鲁迅先生也曾经说过："浪费别人的时间就等于谋财害命。"

表述虽有不同，但意思只有一个：时间是一种资源，而且它是不可逆的、不可再生的资源。正因如此，抽象的时间可以兑换成具象的金钱。举个例子，银行办理个人贷款，一般都设定一个时间限制，更喜欢给某一年龄段（譬如60岁以下）的人办理，超过这个年龄，银行就不愿意办理了。为什么？因为一个年轻人比一个老年人更有前途，年轻人拥有更多的时间资源，拥有更大的发展空间和更多的成功机会。年纪越轻，拥有的时间越多，发展的余地越大，得到的优待也就越多。要是到了保险公司，情况更是不同，老年人办健康险和人寿险，门槛要比年轻人高得多，甚至根本不给你办。因为老年人拥有的时间比年轻人少，可以说是"夕阳西下"了，对于保险公司来说，风险不断增加。

有时候，一分一秒都无比宝贵。奥运会上，冠军常常比对手优先零点几秒就光荣胜出，而亚军仅比对手落后零点几秒就痛失桂冠。前些年，有一个词非常流行，"争分夺秒"。语虽夸张，却说出了时间的巨大价值。20世纪90年代初，中国某青年参观团赴日本参加一个会议，团长准备了厚厚一叠发言稿，准备长篇大论一番，可是开会时却发现日方日程表上写着："中方发言时间：10点17分20秒至18分20秒。"全部发言时间只有一分钟，让人不由得大跌眼镜，是日本人不友好吗？不是，是他们珍惜时间，他们深深懂得时间的价值。据到过日本的人说，在日本，无论是普通工人还是知识分子，都十分注重时间，他们的时间都精确到秒，真是"吝啬"到家了。

时间是这样珍贵，就连你未来可能拥有的时间都可以用金钱来计算。而在另外一些行业，时间的价值又是另外一番景象，你过去拥有的时间也可以用金钱来计算。为什么那些历史悠久的国家和地区总是能吸引人们前来观光？因为在时间上它们比其他国家和地区富有。欧洲人多少有些瞧不起美国人，为什么呢？因为后者太年轻，多少有些"嘴上没毛，办事不牢"的味道。

在服务行业，这一现象也十分普遍，"百年老字号""古色古香"成为资历和身价的标志，人们普遍相信姜是老的辣、酒是陈的香，老厨师、老中医、老裁缝的良好口碑，又让许多年轻人望洋兴叹。许多商家为了招揽生意，不惜造假，谎称自己是"祖传三代，百年老字号"。

这又从另一个角度证明，时间也是资源，而且是最大的资源。无论你过去经历过的时间，还是你未来拥有的时间，都是一笔资源。你去租房子，得按年或按月付房租。你开公司招聘人才，得按月发工资。因为房主提供给你一定期限内的房屋使用权，员工按时间提供给你服务。换句话说，房主和员工把房屋资源连同时间资源一起租给了你，你要为这些时间付钱。哪怕你找个小时工来帮你做事，你也需要为时间付钱。因为你的时间可以用金钱衡量，他的时间也同样可以用金钱衡量。有这样一个故事，如果比尔·盖茨看到地上有一张1000美元的钞票，他是没有必要弯腰捡起来的，因为捡钱需要花费4秒钟，而在这4秒钟，他完全可以赚得更多。

时间资源只要能很好地被利用、整合，一定可以转换为巨额财富。如果你对收藏有所了解，那么你会发现，这一行业完全是在拿时间赚钱的。一张普普通通的邮票，没有任何新奇之处，可是在那些收藏家手里放了几十年，就身价百倍，甚至价值连城，甚至有人为了得到它，可以抛头颅，洒热血，上刀山，下火海也在所不辞！是邮票值钱吗？不，是时间值钱。时间赋予了这枚邮票一层神秘色彩，使其具有了一种文化附加值。再譬如名画，大家知道，梵高是一位印象派绘画大师，他的作品《向日葵》《有乌鸦的麦田》等都是价值连城的艺术瑰宝，然而你可曾想到，他在生前穷愁潦倒，经常连颜料都买不起，他的作品生前很少有人问津。可是在他去世以后，全世界的收藏家们都为他的作品疯狂。是谁改变了梵高作品的命运？是伟大的时间。

高科技产业流行一句话："一招先，吃遍天。"意思是说只要你抢在别人前面，抢在时代前面，拥有了新的技术，你就抢占了有利时机，你就会取得行业的领导地位，进入低竞争、低风险甚至无竞争、无风险领域。五笔字型能够独霸中国打字市场多年，至今地位稳固，就是因为王永民抢占了时间，在绝大多数国人还弄不明白计算机和计算器有何区别的时候，他已经步入正轨，像他这样不赚钱才怪呢！在改革开放之初，多数国人还把经商当成投机倒把的可耻事情，可是那时候已经涌现出一大批"万元户"。君不见，从勤劳和文化方面，他们一点也不比别人占有优势，然而仅仅一点时间优势，让他们成为当时中国最早富裕起来的一批人。

时间资源的特殊价值，由此可见一斑。作为企业家，我们应该对时间资源的重要性有一个充分的认识。很多中国人，都羡慕日本企业的高效率、高效益，其中一个秘密就在于他们非常懂得利用时间。正是这种争分夺秒的时间观念，使日本企业迅速在亚洲崛起。日本电器和汽车更是普及到了地球的每一个角落。"车到山前必有路，有路必有丰田车"的广告，更是地球人都知道。日本人能获得这样的成就，与他们珍惜时间有很大关系。

7. 心理资源——势力经济的"无形大军"

在诸多无形资源中，还有一种资源叫作心理资源。也许会有人觉得奇怪，难道情感、意志、智力、人格、道德等，都可以成为资源？答案是肯定的。一支军队要想百战百胜，必须有旺盛的斗志、坚定的军心；一个企业要想赢利，必须有超前的眼光、超人的谋略。没有这些，武器再精良，科技再先进，机遇再珍贵，资金再充足，也都无济于事。现代人都讲智商、情商和财商，这三者都是心理资源。有形的自然资源和社会资源诚然重要，但无形的心理资源更加可贵。

（1）智商——势力经济的"陆军"

所谓智商就是智力商数，一般简称为IQ。智力就是人的智慧能力，指的是人们认识客观事物并运用知识解决实际问题的能力。智力包括多个方面，如观察力、记忆力、想象力、分析判断能力、思维能力、应变能力、模仿能力，等等。智商就像电脑的硬件，一个智商高的人在短时间内能够完成非常复杂的运算，而智商低的人则需要更多时间，完成的运算也要简单得多。虽然天才和庸才之间的智商差距很大，然而对于绝大多数人来说，智商却是相似的。据现代医学显示，人类的大脑由万亿个脑细胞构成，万亿个脑细胞如同万亿个小精灵，每一个小精灵都比当今大多数的电脑强大和复杂。然而，在人的一生中，大脑中绝大多数细胞都处于沉睡状态，未能发挥其应当发挥的作用，就连爱因斯坦和霍金这样空前绝后的科学天才，其大脑也只达到了3%的使用率！假如人类大脑的所有细胞全都得到合理使用，它所爆发出的记忆力、想象力、综合力和创造力将无限巨大，它的运算速度比世界上最强大的计算机运算速度还要快，它所辐射出的精神能量比世界上最先进的核电站还要大。

一般的西红柿植株只能结一二十个果子，可是1985年在日本举办的筑波国际科技博览会上，却展出了一棵长有13000个果实的西红柿植株。据报道，这棵西红柿植株是通过水耕法培养起来的。所谓水耕法，就是把幼苗从泥土中取出来，放进水槽里，再把普通肥料以适当的浓度溶化在水里。做好这些之后，最主要的功夫就是进行水温、水流和氧气的管理了。由于生长条件极为优越，西红柿植株的生长不受限制，据传说还辅之以音乐伴生，使其潜力完全发挥出来，最终成出了13000个果实。人的智商，与这棵西红柿植株何等相似！

（2）情商——势力经济的"海军"

一个人也好，一个家庭也好，一个团队也好，一个企业也好，要想获得巨大的成功，仅有智商是远远不够的，还需要有情商，智商是硬件，而情商是软件。所谓情商（简称EQ），又称情绪智力，是一个与智商相对应的概念，它指的是人类情感、情绪、性格、人格、意志等力量的总和，包括鼓舞自我的激发力、控制自我的意志力、融入他人的亲合力、领导他人的影响力、凝聚他人的吸引力，等等。许多智商超群者之所以不能成功，就是因为他们的情商太低。而情商低的主要表现，就在于激发力、意志力、亲合力、影响力和吸引力的缺失。情商是一种能力，情商是一种创造，情商又是一种技巧。既然是技巧就有规律可循，就能掌握，就能熟能生巧。只要我们多点勇气，多点机智，多点磨练，多点感情投入，我们也会像"情商高手"一样，营造一个有利于自己生存的宽松环境，建立一个属于自己的交际圈子，创造一个更好发挥自己潜力的空间。

个人需要讲情商，政府和政要也需要讲情商。在大多西方国家，每过四年都要进行一次大选，为了当上总统，那些候选人到处活动，施展魅力。最后当选的往往是情商最高，或者是最会展示情商的那一位。俗话说，"得民心者得天下"；毛泽东也曾引用古训说："得道多助、失道寡助。""民心"和"道"指的是什么？我认为指的就是情商。我们知道，美国有着多年歧视黑人的传统，虽然林肯解放黑奴已经一个半世纪了，然而美国黑人的地位至今仍然未能提高到与白人同样的水平。1968年，诺贝尔和平奖得主马丁·路德·金牧师还因为种族问题被人暗杀。他著名的演讲《我有一个梦想》中这样说道："我梦想有一天，我的四个儿女将生活在一个不是以皮肤的颜色，而是以品格的优劣作为评判标准的国家里。"然而，2008年11月5日，美国黑人奥巴马击败共和党约翰·麦凯恩，正式当选为美国第56届、第44任总统。奥巴马为何能够当选？他打的是情商牌！在经济方面，他反对布什政府对年收入在25万美元以上富裕阶层的减税政策，这一政策赢得许多低收入者的支持。奥巴马还支持延续目前以雇主支付为主的健康保险制度，支持联邦政府强制推行儿童全民健康保险计划，设立国家健康保险项目。在外交方面，他强调谈判比军事行动更重要，表示会与伊朗、叙利亚、朝鲜和委内瑞拉等国领导人谈判……虽然这些承诺能否兑现尚有待于时间来证明，但这些承诺，使奥巴马建立了一个温和亲民的形象。与奥巴马相比，他的对手麦凯恩则要冷酷得多，在情商方面，输给了奥巴马。"伸手不打笑脸人"，"人心都是肉长的"，岂止是奥巴马，任何人只要能这样待人，他走到哪里都会受到欢迎。正因如此，奥巴马在一个歧视黑人的国家当选为总统，成为美国第一任黑人总统。

不仅政治家要讲情商，企业家也要讲情商；不仅政府需要讲究情商，企业也需要讲究情商。现在的企业都重视公关，公关是干什么的？是不是就是吃吃喝喝、游山玩水？是，但又不全是。所谓公关，其实打的也是情商牌，是营造良好人际关系的活动。公关分为内部公关和外部公关，而外部公关主要是为企业与社会公众的关系而服务的。公关做好了，企业的口碑好，市场也好。公关做不好，企业的口碑差，市场也会走低。近些年来，日本汽车为什么在中国不断失利，遭到抵制？因为他们多年来实行的政策，没有公平对待各国市场，尤其是中国，产品出现问题后又无视中国顾客的投诉，态度生硬，导致恶评如潮。因为顾客不是孤立的，向顾客叫板其实就是向公众叫板，是置顾客的心理资源于不顾，肯定是自取其辱。所有做企业的人都应该吸取这方面的教训。

（3）财商——势力经济的"空军"

财商这个概念已经进入中国一段时间了，但是了解的人不是很多。所谓财商，指的是一个人、一个群体认识金钱和驾驭金钱的能力。换言之，指的就是在财务方面的智力，是理财的智慧。财商包括正确认识金钱及金钱规律的能力和正确应用金钱及金钱规律的能力两个方面。财商就像一双慧眼，可以帮助人从现象看到本质，从现实看到未来，从表面看到规律，从黄沙看到黄金。

提起沃伦·巴菲特，大家肯定都会眼睛一亮，说他是"股神"，岂不知巴菲特的财商不仅远远高于普通人，也远远高于一般企业家。巴菲特从小就表现出很强的投资天赋，他5岁的时候就在家中摆地摊兜售口香糖，稍大一点又带领小伙伴到球场捡大款用过的高尔夫球，然后转手倒卖，挣了不少钱。上中学时，除利用课余时间卖报外，他还与伙伴合伙将弹子球游戏机出租给理发店老板，挣取外快。11岁时，他便跃身股海，购买了平生第一支股票，并且获利。如果是在中国，谁家孩子这样，父母和老师肯定会忧心如焚，觉得孩子不务正业，然而这正是巴菲特的过人之处。中国的教育只注重知识教育，却不注重财商教育。

　　智商和情商诚然重要，然而它们就像翅膀，要想在地球上生存，还必须解决落地问题，否则，只能面临饿死的危险。而财商就好比是双脚，如果没有财商，仅有智商和情商仍然是难以取得成功的。说起艺术，经常有人会想到荷兰画家梵高和西班牙画家毕加索，两位都是天才，然而他们的命运却天壤之别。一个生前穷愁潦倒，一个生前大红大紫。在智商方面，两个人可能不分高下，然而在财商方面，梵高绝对是白痴，而毕加索却是天才。正因为如此，毕加索获得了比梵高大得多的现实成功，而梵高的成功，却推迟到了他去世之后。

　　说起文学，许多人都会说琼瑶的作品如何如何畅销，金庸的作品如何如何大气，李敖的作品如何如何深刻。其实这些人不仅善于写作，还善于经营，他们的财商非同寻常，如果没有足够的财商，他们是不可能取得那样伟大成就的。

　　其实不光通俗作家需要财商，那些貌似神圣不可侵犯的严肃作家，也需要财商。例如中国伟大的文学家、思想家鲁迅，他不仅思想深刻、文风老辣，在经营方面也是一个财商极高的人。据专家研究，鲁迅在20世纪20—30年代的收入水平，名列全国作家前茅，与畅销书作家张恨水接近。不但现在文人墨客们羡慕不已，就是当时，也颇令人艳羡。按当时的收入水平，10块大洋足够一个普通人家生活半年，而鲁迅文字的稿费标准是每千字30大洋。据现代文学家吴宓日记记载，鲁迅仅《呐喊》一本薄薄的小册子，就挣得稿费万元以上。有关学者根据《鲁迅日记》统计估算，鲁迅一生总收入如果折合成人民币，接近1000万。没有一定的财商，鲁迅作为"民族的脊梁"是立不起来的，至少是弯曲的、有缺陷的。到了如今这样一个商品经济时代，人们更加重视财商。在这个时代，说"全民皆商"一点也不为过，而且要全民皆经理，只有这样，中国人的素质才能提高，中国企业的经营水平才能提高，中国才能走向经济和精神双重腾飞之路。

在美国还有句话十分流行，说是"美国人的智慧在中国人的脑袋里，美国人的财富在犹太人的钱袋里"。其意思是说，犹太人的财商极高，高于其他民族。这话虽然绝对，但不无道理，《资本论》的作者伟大的思想家马克思是犹太人，目前，全球经济圈中的很多精英，也都是犹太人，比如现任美国联邦储备系统（简称美联储）主席格林斯潘，世界外汇、商品和股票投资家索罗斯，纽约市市长、布隆伯格通讯社创办人布隆伯格……都是犹太人。作为"上帝的选民"，犹太人可能是世界上最早研究财商的民族。他们的商业智慧，在古老的《圣经》中有许多记载。仅仅关于殷勤劳作的论述就有许多，譬如"殷勤筹划的，足致丰裕；行事急躁的，都必缺乏"，"不劳而得之财，必然消耗；勤劳积蓄的，必然加增"，"你见过办事殷勤的人吗？他必站在君王面前，必不站在下贱人面前"，等等。

现在，论及社会财富的两极分化，人们常说的一个词叫"马太效应"。意思就是说，好的愈好、坏的愈坏，多的愈多、少的愈少、强的愈强、弱的愈弱。其实这个"马太效应"就来自《圣经·马太福音》中耶稣讲过的一个寓言：

天国又好比一个人要往外国去，就叫了仆人来，把他的家业交给他们。按着各人的才干，给他们银子。一个给了五千，一个给了两千，一个给了一千。就往外国去了。那领五千的，即拿去做买卖，另外赚了五千。那领两千的，也照样另赚了两千。但那领一千的,去掘开地,把主人的银子埋藏了。

过了许久,这些仆人的主人来了,和他们算账。

那领五千银子的,又带着那另外的五千来说,主啊,你交给我五千银子,请看,我又赚了五千。主人说,好,你是又良善又忠心的仆人。你在不多的事上有忠心,我把许多事派你管理,可以进来享受你主人的快乐。

那领两千的也来说,主啊,你交给我两千银子,请看,我又赚了两千。主人说,好,你也是又良善又忠心的仆人。你在不多的事上有忠心,我把许多事派你管理,可以进来享受你主人的快乐。

那领一千的,也来说,主啊,我知道你是忍心的人,没有种的地方要收割,没有散的地方要聚敛。我就害怕,就把你的一千银子埋藏在地里。请看,你的原银在这里。主人回答说,你是又恶又懒的仆人,你既知道我没有种的地方要收割,没有散的地方要聚敛,就应当把我的银子放给兑换银钱的人,到我来的时候,可以连本带利收回。夺过他这一千来,给那两千和五千的。

因为凡有的,还要加给他,叫他有余。没有的,连他原有的,也要夺过来。

这则寓言说的是传福音的道理,但是后来的社会学家却从中引申出"马太效应"这一概念,用以描述社会生活领域中普遍存在的两极分化现象。"马太效应"不是一个寓言,而是一种现象、一种规律,按照美国科学史研究者罗伯特·莫顿的研究,任何个体、群体或地区,一旦在某一个方面(如金钱、名誉、地位等)方面获得成功和进步,就会产生一种积累优势,就会有更多的机会取得更大的成功和进步。正是因为深深懂得"马太效应"这一经济规律,犹太人才成为世界上财商最高的民族。古今中外那些亿万富豪也都深谙此中道理。

无论是智商资源、情商资源，还是财商资源，这些心理资源都需要整合。单有智商，可能会成为书呆子；单有情商，可能会成为交际花；单有财商，可能会成为守财奴。而成功的事业，必须"三足鼎立"。单打独斗的个人需要整合自身的智商、情商和财商这些心理资源；团队更应重视这些心理资源，整合这些心理资源，使众人的智商成为团队的智商，使众人的情商成为团队的情商，使众人的财商成为团队的财商，使自己的团队成为一个拥有良好公众形象和行动能力的团队。

8. 整合——将无机变为有机

在那些拥有悠久历史的古国中，恐怕只有中国和印度版图最为广阔、资源最为丰富。然而，中国和印度却都在进入近代以后，一度处于落后挨打的局面，即使在获得独立大半个世纪后，还与西方有着不小差距。为什么？因为中国和印度是资源的巨人，却是资本的婴儿。换言之，在那个时代，中国和印度的资源没有经过很好的整合，所以未能很好地转换为资本。

资源虽然蕴藏着巨大的能量和价值，然而它必须整合，必须聚焦。任何未经整合的资源，都是零散不堪、苍白无力的，都是死的资源，不能产生能量，不能发生爆炸，不能发生突变，不能产生利润。可是一经整合，这些资源就像穿过凸透镜的阳光，可以把东西点燃；就像被烧沸的水，可以变成气体，飞入云端。如果张飞不被刘备整合，他只是一个平平庸庸的卖肉屠户；如果关羽、诸葛亮等不被刘备整合，他们可能只是个恃才傲物、报国无门的待业青年。然而经过刘备的整合，张飞成为拔山填海的猛将，关羽成为勇冠三军的名将，诸葛亮成为运筹帷幄的谋士，他们几个人，组成了当时中国最具战斗力的三强团队之一，要不是遇上了曹操和孙权这样两位强大对手，或许中国还真在他们手里实现了大一统呢。

说起整合，有一个小故事非常耐人寻味，说是在一次盛大的宴会上，中国人、俄国人、法国人、德国人、意大利人和美国人聚在了一起，出于爱国情怀，大家都争相夸耀自己民族的文化传统，唯有美国人笑而不语。话题最后落到了酒上。为了使自己的表达更加形象，更有说服力，大家纷纷拿出具有民族特色的酒来。中国人首先拿出古色古香、做工精细的茅台，打开瓶盖，香气四溢，众人无不为之倾倒。紧接着，俄国人拿出了伏特加，法国人拿出了大香槟，意大利人端出葡萄酒，德国人取出威士忌，异彩纷呈。最后，大家都看着美国人。美国人不慌不忙地站起来，把大家先前拿出的各种酒都倒出一点，混在一起，说："这叫鸡尾酒，它体现了我们美国人的民族精神——博采众长，综合创造。我们随时准备召开世界文明智慧博览会。"

显而易见，美国人说的就是整合。众所周知，美国是一个只有不到300年历史的年轻国家，然而它却成为一个影响、主导全球的超级大国。美国为什么能够迅速崛起，取代那些老牌资本主义国家？因为它善于整合。善于集天下之人才，集天下之技术，集天下之资金，集天下之智慧，集天下之资源于一身，打造出自己的产品，打造出自己的品牌。在现实生活尤其是经济生活中，这种整合能力常常比创新能力更加重要。如果你对专利稍有了解，就会发现，很多专利并没有多少技术含量，它们所采用的技术，都是非常陈旧、过时的技术，说有些技术古老也不为过份，还有些专利甚至连一点技术含量都谈不上。然而经过发明家的巧妙整合，申请了专利，竟然带来了巨大的利润。

其实，岂止这些小专利，即使那些让人肃然起敬的高科技产品，里面也整合了许多普通技术，甚至可以说，除了核心技术以外，他们所采用的技术都是再普通不过的。无论多么精密的电脑，把它拆开，你会发现里面尽是些螺钉、插头、电路板；无论多么先进的飞机，把它拆开，你会发现里面全是些汽缸、活塞、轴承、链条、滑轮、弹簧、滚珠之类。就连航天飞机里面，也整合了许多普通技术，高科技的含量只占极小的一部分。由此，我们可以得出结论，经过整合，资源可以变废为宝，变普通为卓越，化腐朽为神奇，产生高额的利润，创造巨大的奇迹。

而那些未经整合的资源，不仅不能产生利润，还得让我们为它支付昂贵的管理成本，反而尾大不掉，成为包袱。假如你拥有100位大企业家的联系方式，他们都有可能与你进行合作，然而你必须对这些企业家资源进行整合，否则这些资源就永远派不上用场。不仅如此，你还得经常给他们打电话、发短信问候，甚至还要花钱请他们吃饭，花时间陪他们聊天、打牌、看戏，这都需要你付出无比巨大的精力，支付出时间成本、精力成本和经济成本。要想让这100位企业家资源变成资产，最好的办法就是想方设法整合他们，用一根项目的红线把他们串连起来。譬如说你可以为他们量身订制一套可以开拓新领域、进军新市场、获得新利润的运作方案，吸引他们的注意力，让他们把你当成最重要的合作伙伴，与你联手，给你投资……只有这样，才能盘活你手中的这些资源，把死的资源变成活的资源，把花钱的资源变成赚钱的资源。

假如你是喜马拉雅山的主人，喜马拉雅山价值1000亿，然而当你没饭吃的时候，你拿着这1000亿元的资源到市场上去，也未必能换来1000元现金。因为资源和资本之间是不能划等号的。要想让喜马拉雅山这笔巨大的资源变成资本，变成现金，你就必须对它进行整合，进行系统的谋划与规划，进行开发，譬如开发它的藏红花，开发它的雪莲，开发它的风能，开发它的太阳能，开发它的雪水，开发它的牦牛肉，开发它的旅游资源……当然，这些开发都显得过于传统，过于保守，过于单一，带有浓厚的规模经济色彩，要想获得更多的利润，还应该海、陆、空协同作战。譬如以喜马拉雅山为题材，拍摄一系列影视剧，在全世界播出，通过这些高质量、高品位的影视剧，把更多的游客带到喜马拉雅山，靠他们拉动当地旅游，带来人流，带动当地餐饮、交通、物流等行业。

9. 负资源——把最大的压力化为最大的动力

前文说过，资源的附加值是一种变量，其实不仅资源的附加值是一种变量，在某些特殊情况下，资源本身也可以是一种变量。为什么呢？这是因为所有的资源都由于人的因素才成为资源，才拥有价值、拥有意义的。人是主体，资源是客体。而人是一种极大的变量，他拥有极大的主观能动性。人的主观能动性使资源的属性因资源整合者而发生变化，甚至是质的变化，从劣势变为优势，从弱势变成强势，从而使负资源转换为可贵的资源，创造出无比巨大的利润。伟大的发明家爱迪生也说过："在我的词典中，没有'废物'二字。"说法不同，但所说的意思和我们一样，就是说经过整合，负资源、垃圾资源也可以转换成优质资源。

这一点，我们可以从美国和日本的发展史找到依据。与其他国家相比，美国的年轻是一种负资源，日本的资源缺乏也是一种负资源，然而美国人把自己的年轻当成资源，培养出标新立异的创新精神；而日本人也把自己的资源缺乏当成资源，激发出自强不息的生存意志，化不利为有利，创造出举世瞩目的巨大成就。尤其值得一提的是日本，作为一个小小的岛国，仅仅经过几十年，它就迅速发展成一个可以与西方列强平起平坐的国家，现今日本的汽车和电子产品，更是畅销全球。日本的文化产品——日本影视和动漫也声名远播，在世界上占有一席之地。虽然个中原因是多方面的，但是日本化不利为有利、将负资源转换为资源，并加以整合，这却是不争的事实。

的确，负资源也是资源。缺乏和年轻是资源，失败也是资源。在第一次世界大战中，德国成为战败国。然而只过了不到20年时间，德国竟然再次发展，成为世界强国，并且发动了第二次世界大战。为什么？就因为德国能把第一次世界大战的失败转换成资源，并且进行整合，使其增值。当然希特勒的穷兵黩武和种族主义是应该被强烈谴责的，然而我们也不得不承认，他在调动德意志民族的竞争意识、把失败当成资源进行整合方面，是一个高手。

化失败为资源、把压力当动力的案例在企业界更是屡见不鲜。政治家的生命往往只有一次，如果他失败一次，就盖棺论定，难以再次翻身。而企业家不同，他哪怕失败一百次，只要最后一次成功了，他就是光荣的成功者。所以，很多失败者曾说"看谁笑到最后"。20世纪末，巨人集团的史玉柱由于盲目扩张，又是开发保健品，又是兴建珠海巨人科技大厦，一时之间，好不热闹。然而由于头脑发热，盲目上马，摊子铺得过大，造成资金链断裂，一时无力回天，败得一塌糊涂，负债2亿多元。媒体口诛笔伐，债主骂声四起。然而史玉柱没有被失败打垮，而是顶住各种各样的压力，在朋友的帮助下苦练内功，终于在几年后靠脑白金打了一个漂亮的翻身仗。虽然明眼人都知道，脑白金的主要成份只是褪黑素，价格十分便宜，但史玉柱仍然能够卖出更高的价格和销量。他不仅迅速还上了当年欠下的巨债，还实现了企业的扩张，并进军网游市场，实现了上市梦想。从欠债2亿多的"中国首负"，到拥有数百亿资产的商业"巨人"，史玉柱成为"中国最成功的失败者"。在他之前，许多中国早期企业家失败了就从此一蹶不振，而他却获得了比以前的成功更大的利益。这说明了什么？这说明一个铁的事实，事在人为，负资源也可以转换为资源。

20世纪90年代初，有记者问一位著名企业家：你有多少钱？企业家回答说：3亿元。记者又问：你的3亿资产是怎样构成的？企业家说：我实际拥有1亿，负债2亿，加起来是3亿。这套"负翁等于富翁"的理论乍听起来有些强词夺理，有些哗众取宠，然而在企业经营运作中，恰恰就是这样的情形。

有一次，我从某银行门口经过，看到银行门口挂着这样一条横幅"热烈庆祝我行存款贷款双双突破百亿大关"。我就想，经济上的事，真不是用小学生的算术能说得清的，算术要求的是数字本身，而经济学需要的却是"绝对值"。存款贷款双双突破100亿元大关，在算术上的结果只是一个毫无价值的零，然而这家银行却为此庆祝。这中间的奥秘在哪里呢？奥秘就在于，负资源可以是一种资源，存款贷款双双突破100亿元，就可以产生200亿元的现金流。200亿元的现金等于20000个百万富翁资产的总和。这当然是一件值得庆祝的大事。不仅企业如此，甚至国家也是如此。美国是世界上负债最多的国家，2008年底，其债务达到了88万亿美元。遭遇次贷危机后，美国的经济形势更加严峻。然而这些都没有动摇其大国和强国的地位，反而不断给它增光添彩。为什么？因为负资源也可以成为资源。正是靠着这些负资源，美国渡过了一次又一次的危机。

许多人看着那些亿万富豪体体面面，但是又有谁知道他们的真实底细？一切的一切，只有银行最清楚。大家都知道一句话："欠1000元你是孙子，欠1000万元你就是大爷。"因为1000万是债务，1000万已经成为一笔巨大的资源。

有一个书店老板，店里的书都有些过时，可是又没有资金去进更多的畅销书。后来他想出了一个主意，可以打免费借书牌。他把自己店中的书全都免费开放，读者只要在他那里交几十块押金，办一个借书卡，就可以免费从他那里借书。读者办卡方便，退卡自由。那些书卖起来不值钱，可是借的价值却非常巨大，读者听说世界上还有这样的好事，于是纷纷办卡。成千上万的读者涌来，这位老板拿到了几十万元的押金。虽然有些读者不太满意，会要求退款，但是绝大多数读者认为这是一件好事，加入的人不断增加，老板也乐得合不拢嘴。拥有了现金流，剩下的事情就好办多了。他优化了书源，扩大了规模，推出了更多新项目，生意红红火火，并从一家小书店发展成一家连锁读书机构，辐射到了周边省份，光向各地书店收取的加盟代理费就是一笔可观的收入。

10. 相互性与稀缺性——资源的两大原则

万事皆有其内在规律，资源也有其自身的规律。我认为，无论什么样的资源，都应遵循以下两大原则：一是相互性原则，二是稀缺性原则。

（1）资源的相互性原则

资源的相互性原则是说，我是你的资源，你也是我的资源。我需要你，你也需要我。在我整合你的时候，你也可以整合我。比如，在古代男人与女人缔结婚姻，成为彼此的另一半。女人可以因此被男人养活，似乎占了便宜。但是她也得为男人付出家务劳动，相夫教子，甚至忍辱负重。反过来说，男人娶回如花美眷，不必为家中琐事所困，然而他也因此需要更加辛苦劳动。谁是资源？夫妻二人都是资源。谁在整合？夫妻二人都在整合。

比如，我有产品，你有市场，我用你的市场打开了我的销路，你也用我的产品保证了物资供给，增加了现金流；我有资金，你有技术，当我引进你的技术之时，你也引进了我的资金。当我整合你的时候，你也在整合我。中国改革开放已经走过了30余年的历程，在改革开放之前，中国饱受"文化大革命"之苦，百废待兴，缺资金、缺项目、缺技术、缺人才……按说，在那种局面之下不会有谁和我们合作的。然而，随着邓小平改革开放政策的实施，陆续有不少西方国家开始与中国合作。为什么呢？原因是多方面的，这既有国际原因，也有那些国内原因。单从经济层面来讲，这些西方国家看到中国是一个人口上的超级大国，有着巨大的消费潜力；中国又是一个极端廉价的原材料产地，有着许多物质资源；由于一直实行计划经济，生产力深受束缚，当时的中国还是一个巨大的廉价劳动力提供者。有此三点，只要是一个聪明人都会想和中国合作。那么到底是中国整合了这些国家呢，还是这些国家整合了中国？当然是双向的。在整合的过程中，这些国家赚取了大量外汇，而中国也改变了过去闭关锁国的状况，得到了资金，得到了技术，赶上了世界的潮流，免于"被开除球籍"的担忧。由于资源的相互性原则，我们可以说，资源整合的过程是一个双赢的过程，不是杀鸡取卵，不是弱肉强食；不是大鱼吃小鱼，而是大鱼小鱼都要活，而且活得比过去更好。

再比如，刘备和诸葛亮互相都是对方的资源，在刘备引进人才的时候，诸葛亮并不是毫无所得，仅仅当了一回被整合的对象。恰恰相反，诸葛亮找到了自身发展的平台，找到了用武之地，没有这个平台，后来的火烧博望坡、赤壁大战、草船借箭、六出祁山等都不可能成为现实。

有一个故事，说是从前有一个盲人，还有一个腿脚不好的人，他们都想去远方的城市。然而盲人看不见路，腿脚不好的人走不好路，怎么办呢？两个人开动脑筋，终于他们想出了一个办法：让盲人背着腿脚不好的人走，腿脚不好的人指路，盲人走路。两个人一旦整合到一起，一切都发生了变化。腿脚不好的人的眼睛成了盲人的眼睛，盲人的腿成了腿脚不好的人的腿，最后两个人竟然都达到了自己的目的。这就是资源的相互性原则，懂得了这个原则，不光是盲人和腿脚不好的人，任何人都能获得前所未有的成功。

我经常对客户讲，对员工讲，你们是我的资源，我整合了你们，大家一起来做事。然而这只是问题的一个方面，另一方面是，我也是你们的资源，而且是非常优质的资源，你们也应该整合我。如果你们不抓住这个机会，整合我这样的资源，你们就失去了一连串的机遇。只要整合得好，我的圈子会成为你们的圈子，我的媒体会成为你们的媒体，我的智慧会成为你们的智慧，我的能量会成为你们的能量，我的机遇会成为你们的机遇，我的成功会成为你们的成功，我的财富会成为你们的财富。

这就是资源的相互性原则，资源的相互性使市场变得活跃，使社会变得和谐，使人们拥有了各种各样生存和发展的可能性，而我们的民族才能进步，我们的国家才能发展。

（2）资源的稀缺性原则

资源的稀缺性指的是，资源都遵循"物以稀为贵"的原则。上帝所造的物质，没有一样是废物，正是"天生我材必有用"。尺有所短，寸有所长，众人眼里的宝物，也会有其局限性；而大家眼里的废物，只要换一个环境，换一个条件，就会成为珍贵的稀缺资源。你觉得空气廉价，只因为你没有经历过青藏高原的空气稀薄；你觉得阳光不值钱，是因为你没遭遇过南极的极夜。如果去了青藏高原，遇到高原反应，你会发现，能够自由呼吸，比什么都重要；如果经历过南极长达几个月的极夜，你会发现，一丝的光亮都是那么宝贵，更何况灿烂夺目的太阳！再譬如水，这是非常廉价的资源。然而中国自古以来一直有"水贵如油"的说法。这个说法指的不是所有的地区，而是北方干旱缺水的地区。不信你看看中国北方的地名，发现有许多地区都以水命名，比如"三眼井""一碗泉"。其实不仅古代，现代缺水的地区也很普遍。宁夏南部地区移民，就是因为当地缺水。2010年春，西南地区发生干旱，上亿人口受灾，也是因为人类对环境的破坏，导致气候紊乱，降水减少，使水成了稀缺资源。

再举一个例子，大多数人认为蜣螂（俗称屎壳郎）是肮脏无用的昆虫。然而你知道吗？它还能给我们国家换来大笔外汇。20世纪，澳大利亚牲畜繁殖过多，草原上到处都是牛粪羊粪，既污染了环境，也影响了牧草的正常生长。后来澳大利亚政府得知中国有一种昆虫蜣螂专吃粪便，是非常卓越的分解者，于是就花钱从中国引进。果然没过多久，这些蜣螂大显身手，把澳大利亚的牲畜粪便消灭干净了，真不愧是"环保小卫士"。奇妙的是那微不足道的蜣螂吗？不是，奇妙的是那只整合之手，是那只奇妙的整合之手，变废为宝，点石成金，化腐朽为神奇；奇妙的是资源的稀缺性原则，蜣螂可以出口换取大笔外汇，然而在中国北方农村，它却一钱不值，因为这种东西实在是太多太多了。

还听说过这样一个故事，说是美国一个城市要建一座教堂，然而在教堂建成之后，有一件事把牧师难住了，因为教堂前面有一大堆建筑垃圾没有清理，要想清理掉这堆垃圾，需要交纳大笔垃圾处理费，这可把牧师们愁坏了。于是他就跪下来向上帝祷告，奇迹很快发生了。就在教堂举行落成典礼这一天，有人急匆匆地找到了牧师，要求高价购买那堆建筑垃圾，牧师简直不能相信自己的耳朵，来人解释说，他们马上要把一个大坑填起来，在上面盖楼，牧师喜出望外，把垃圾卖给来人。那堆本来要浪费大量资金的垃圾竟然卖了个高价钱，还省掉了一笔运输费、一笔垃圾处理费，这真是匪夷所思！

有个国家，由于连年内战，兵力严重不足，经常征兵，以备内战之需。各乡各村的青壮年一听说抓壮丁，都纷纷躲起来。那些青年女性，生怕守寡，也不敢和年轻男子结婚，因为越年轻，被抓去上战场当炮灰的概率就越高。但是"男大当婚，女大当嫁"的古训不能违背。一个大户人家，有一个女儿，已经到了谈婚论嫁的年龄。她也在与一个青年悄悄相爱，然而父母偏偏把他们拆散，把她许给了一个又穷又丑的腿脚不好的人，姑娘十分难过，但是怎么也拗不过父母，只得遵从父母之命。后来抓壮丁的来了，全村的青年人都被抓走了，他们要抓腿脚不好的人时，发现他腿脚很不灵便，就把他留了下来。内战发生后，村里所有的青年人都死在了战场上，包括姑娘当初喜欢的那个小伙子，只有那个腿脚不好的人没死，还好好地活着。如果是和平时期，腿脚不好的人是一种残疾，然而在非常时期，他却既保全了性命，又娶上了娇妻。姑娘这时也才明白了父母的良苦用心。这就是资源的稀缺性原则，物以稀为贵，此地无用的东西，拿到彼地就成了宝贝；此人没用的东西，彼人拿去就发了大财。

众所周知，中国教育是应试教育，应试教育有其弊病，那就是培养出来的人比较机械,但应试教育也有一个好处,由于应试教育有大量的知识都需要死记硬背,学生的记忆力都非常棒。这样的人才在中国不算稀缺,可是到了国外,就显得凤毛麟角。因为国外讲究的是素质教育,素质教育注重理解,而不注重记忆,就连科学大师爱因斯坦都坦诚自己常常记不起一些简单的数学公式和物理公式。这样一来,中国学生到了国外可以当活的工具书用。有时候需要查找一些资料,他们甚至比电脑反应得还快。

战国时期,齐国出了一个大名鼎鼎的孟尝君,此人不仅足智多谋,还礼贤下士,只要听说谁是人才,他就赶紧招揽过来,好吃好喝招待。他的礼遇解除了门客们的后顾之忧,使他们感恩戴德。但是有两位门客却让大家大跌眼镜,因为他们的才能实在不值一提,一个能钻狗洞,一个会学鸡叫。门客们都耻于与他们为伍。后来孟尝君到秦国任职,遇到危险,秦昭王听信臣下的谗言,想杀掉他,孟尝君及门客都非常着急。这时,那个能钻狗洞的门客自告奋勇,表示可以潜入宫中,把孟尝君当初献给秦昭王的那件白狐裘皮大衣偷出来,献给秦王的宠姬。果然这个门客成功了,这位宠姬得到白狐裘,便向秦昭王吹枕边风,秦昭王就把孟尝君放了。孟尝君乘车逃走,夜半时分到了函谷关。可是按当时的法律,城门夜间都是关闭的,孟尝君生怕秦昭王反悔,当秦兵追来时,那位能学鸡叫的门客赶紧学了几声鸡叫,他这一叫不要紧,周围的所有公鸡都跟着叫了起来,守城的士兵以为天快亮了,赶快把城门打开,孟尝君赶紧通过,安全逃回了齐国,秦国的追兵晚到一步,没有追上,这场杀身之祸算是彻底躲过了。

这就是"鸡鸣狗盗"这一成语的来历,"鸡鸣狗盗"作为才能实在让人嗤之以鼻,然而恰恰因为"鸡鸣狗盗"的才能是一种稀缺性资源，才让孟尝君化险为夷。

资源的稀缺性原则，不仅用于政治生活当中，也用于经济生活中。

如果你到市场上买白菜，发现铺天盖地到处都是白菜，那么你肯定能买到便宜货。然而如果你历尽千辛万苦，也没找到一棵白菜，那么白菜的身价肯定会大大提高。为什么中国每年春节期间火车票特别难买，铁道部趁机涨价，票贩子趁机兴风作浪？因为春节是中国人一年中最大、最重要的节日，一到春节，几乎所有的人都涌向了火车站，打工者要回家，学生要回家，一时之间，火车票成为炙手可热的稀缺资源，价格必然上涨。

有一位卖菜的小贩，早晨推了一车菜出来。最早来的顾客从中挑出了最好的，满意地回去了；后来的顾客又从剩下的菜中挑走了最好的，也满意地回去了；到了最后，剩下最不好的，他就把菜扔掉吗？不！因为还有来得晚的人，晚来的人虽然买到的菜是最不好的，但毕竟聊胜于无，他仍然满意地回去了，因为不买这些，这位顾客就没菜可吃了。这仍然是稀缺性原则在发挥作用。

改革开放以来，中国人不像过去那样穷了，人们也普遍感觉现在的钱不值钱了，为什么？因为这些年通货膨胀，国家发行货币太多了，就违背物以稀为贵的原则了，就不如以前贵重了。所以三四十年前，万元户还是富人的代名词，百万富翁更是凤毛麟角；可是现在，百万富翁遍地都是，一点都不稀罕。

世界上的所有民族，无论其历史演进长短，无论其文明程度高低，无论其繁衍人数多少，大家都表现出对黄金的狂热。他们喜欢黄金，如饥似渴地寻找黄金，把黄金视为金属之王。在纸币出现之前，黄金是独一无二的硬通货。近代史上，西方列强之所以不远万里去扩大殖民地，其动机非常单纯，就是寻找《马可·波罗游记》中描述过的黄金遍地的地方。真实的黄金他们找到的不多，却发现了一片新大陆。

千百年来，黄金的地位一直尊贵异常。金，成为一个各种语言中地位极高的褒义词。以汉语为例，关于金的成语极多，金枝玉叶、金玉良缘、金玉满堂、金碧辉煌、金科玉律、金光大道、金屋藏娇、金榜题名……所有跟"金"字沾边的词，全是大吉大利、大富大贵的好词。为什么？因为黄金的产量极低，属于稀缺资源，难怪茹毛饮血的野蛮人或高度文明的现代人，都把黄金当成最宝贵的物质。极少的黄金可以主宰极多的人。古往今来，很多人为了黄金，可以抛头颅、洒热血；可以上刀山、下火海；可以赴汤蹈火，可以义无反顾。

然而，到了19世纪，黄金的位置受到了严峻的挑战，当时一种更为稀缺的金属——铝取代了它。由于提炼困难，新发现的铝成为金属中的至尊、珠宝商人的宠儿。一个家庭别说拥有铝锅，即使拥有一把铝勺，也会造成轰动。1848年，波拿巴·拿破仑之孙拿破仑三世当上了法国皇帝，为显示自己的富有和尊贵，命令官员给自己制造一顶比黄金更名贵的王冠——铝王冠。他戴上铝王冠，神气十足地接受百官的朝拜，曾经引起巨大轰动。有一次，为了炫耀，拿破仑三世举办了一个盛大宴会，邀请了王室成员和贵族赴宴，另外还有一些地位较低的来宾入席后，大家发现在王室成员的餐桌上摆的都是铝制餐具，而地位较低的来宾只能使用普通的金银餐具。虽然那次宴会丰盛异常，然而那些使用金银餐具的客人却情绪低落，觉得自己低人一等，而那些使用铝制餐具的客人却得意洋洋。为什么使用不同餐具的客人会有不同的情绪表现呢？仍然是资源的稀缺性原则在作怪。

铝作为金属之王持续了很长时间，英国皇家学会为了表彰俄国化学家门捷列夫对化学的杰出贡献，不惜重金制作了一只铝杯，赠送给门捷列夫。俄罗斯作家车尔尼雪夫斯基曾在他的著名小说《怎么办》中写过这样的话："终有一天，铝将代替木材，甚至可能代替石头。看，这一切是多么奢侈，到处都是铝。"当时人类的文字大多都是对黄金的颂歌，车尔尼雪夫斯基的这段文字堪称奇文。然而事实却不幸被他所言中，后来化工工业越来越发达，人们发现，地壳中最丰富的金属就是铝，它占整个地壳总质量的7.45%，仅次于氧和硅，位居金属元素的第一位，是铁含量的1.5倍，铜含量的近4倍。另外，人们也找到了廉价的提炼铝的方法，铝的价格便一落千丈。后来铝完全进入寻常百姓家，别说跌落于金银之下，就连古老的铜也比它昂贵得多。

黄金诚可贵，稀缺价更高。随着环境和人们需求的变化，任何物质的价值都会发生变化。仍以黄金为例，在美国西部开发时期，无数人都涌向西部淘金，然而由于西部自然环境恶劣，淘金者经常连水都喝不到，有人发现这一情况，马上把水贩往那里。结果，那些焦渴的淘金者纷纷用手里的黄金跟他换水喝，普普通通的水竟然身价百倍，而黄金却一落千丈。黄金诚然是稀缺资源，但在金矿，水也是稀缺资源。这位卖水人之所以能够发家致富，就是因为他懂得资源的稀缺性原则，并且活学活用。可是当那些淘金者返回家园时，环境又变了，一切都回到了原点，黄金仍然是黄金，水仍然是水。这是资源稀缺性原则的又一个掌故。

资源的稀缺与不稀缺并非完全听天由命。由于人的参与，某种资源的稀缺性可以发生改变。仍以黄金为例，在金属货币一统天下的时候，黄金、白银都是稀缺性资源，然而自从纸币流行以来，人们用自己的行为改变了黄金、白银的稀缺性，古老的"金本位"原则从此受到了动摇。

不仅黄金、白银的稀缺性可以人为改变，一切资源的稀缺性都可以人为改变。譬如许多聪明的商家为了刺激销售，经常人为地制造稀缺资源，限量销售、限时销售等被称为"饥饿销售法"的技巧也就因此而发明出来。一种商品，一旦限量、限时销售，顾客们很容易产生"过了这个村，没有这个店"的心理，于是忍不住去掏腰包。在西方资本主义早期，由于生产过剩，经常发生经济危机。经济危机一旦发生，消费者没有那么多钱去买东西，消费动力不足，产品大量积压，无法卖掉。那个时期的牛奶一时滞销，牛奶商家一气之下，就把牛奶倒进河里，商家疯了吗？没有，他只是在人为地制造稀缺。因为把牛奶倒掉后，供给就减少了，顾客的心理会发生变化，主动权逐步由买方转向卖方，需求相对就增加了，这样才能把余下的牛奶销售出去，牛奶价格自然上涨。

美国有一位名叫鲍洛奇的商人，他青年时曾经在一家水果店打工。有一次，水果店附近发生火灾，火虽扑灭了，但是16箱上好的香蕉却被烈火烤成了土黄色，表面还出现了不少小黑点。为避免香蕉全部烂掉，造成更大损失，老板让他把这些香蕉赶紧半价处理掉。鲍洛奇开始按半价叫卖，但是买的人很少。于是，他改变策略，把这些香蕉当成进口货来卖："快来买呀，刚进口的阿根廷香蕉，独此一家，别无分号，数量有限，抓紧来买呀！"很快，鲍洛奇跟前围了一大群人，他们一看这种香蕉确实从来没有见过，但是总还犹豫不决。鲍洛奇趁热打铁，又鼓动了几句，于是大家纷纷购买。到了最后，这批香蕉不仅没有赔钱，反而多卖了整整一倍的钱！对于鲍洛奇的欺诈行为，我们应该批评，然而他能抓住资源稀缺性原则进行运作，我们却不能不佩服。

当代中国人关心的问题很多，其中特别敏感的一个问题就是房价问题。再看看中国的房地产商场，火爆得超出了任何一个行业。为什么？因为中国土地是公有制，正因如此，中国虽然地大物博，但土地却是稀缺资源。利用稀缺资源肯定可以制造出稀缺产品——房子。于是自20世纪末的房地产改革以来，中国房地产行业一直风风火火。2010年的中国胡润财富榜上，名列前10位的富豪中有8位是从事房地产行业的，另外2位对房地产行业也有所涉及。而纵观前50位，房地产企业所占比例更大。这种现象在西方国家是绝对不可能出现的，虽然那些国家的土地资源比中国稀缺，但是在西方国家，土地是私有的，不像中国，土地属于公有制。由于用来进行商业开发的土地越来越少，所以地价就先天性地决定了房价。诚然，土地在西方相对来说，不像中国，尤其不像中国大城市这样稀缺，故而也不像中国这样可以为房地产企业提供如此多的机会。

这一切导致中国房价不仅长期居高不下，而且像火箭一样迅速上升。如果再加上开发商的哄抬价格和捂盘惜售，投资者的炒作，尤其是奥运会在北京举办等外在因素，房价不涨才怪呢。而奥运会一结束，高温就开始消退，尤其是世界性的金融危机一来，开发商和投资者的心理承受力纷纷下降，无法继续坚持。抛售者开始增加，房子不再像以往那样稀缺，房价自然降了下来。

可是金融危机迅速蔓延，2009年政府开始出手大力救市，房地产业又开始活跃起来，多种因素的合力作用，竟然使房价在2009年底到2010年初出现了非理性的疯狂上涨。

凡此种种，都是人为制造稀缺资源的表现。合理地使用人为力量，制造稀缺资源，可以大幅度提升资源的价值。但是凡事要有个分寸和尺度，过犹不及，因为这会招致市场的报复。2010年，房价上涨过快，民怨沸腾，政府十分重视，不得不连续出重拳打压房地产行业内存在的炒作行为，使房价和成交量双双下跌，购房者中观望情绪弥漫，这就是开发商囤积居奇、捂盘惜售的恶果。

二、借势（下）
——蚂蚁如何变大象

无论是自然资源，还是社会资源，都可以通过整合，转换为资本，转换为可评估的资本。对企业家和政治家而言，资源更需要进行整合。因为人是社会性的存在，而人类的社会性，往往在经济领域和政治领域方可得到最充分的体现。以经济为使命的企业家和以政治工作为使命的政治家，自然而然会接触最多的资源，并加以整合。可以这样说，整合资源是企业家和政治家的天职，如果说普通人只是整合资源的爱好者的话，那么企业家和政治家则是职业性的资源整合专家。

1. 资本——资本为王，资源为后

作为一种社会性的活动，资源整合不是有感而发，不是心血来潮，不是信马由缰，不是无的放矢，而是一种经过人为精心设计的、有其内在关联程序的运动。它必须设立一个目标，那就是把抽象变成具体，把资源变成资本，把零散变成集中，把无序变成有序。在这一连串的活动中，资本是最大的关键。

什么是资本呢?《现代汉语词典》上对"资本"的解释是"用来生产或经营以求牟利的生产资料和货币"。更直接地说，资本就是经商谋利所需要的本钱。根据我的理解，所谓资本，

就是资源的提纯、浓缩和重组。如果说资源是铁矿的话，资本就是钢；如果说资源是花的话，那么资本就是蜜；如果说资源是肉、菜和调料的话，资本就是一道美味的菜肴；如果说资源是散兵游勇、乌合之众的话，资本就是一支经过训练的精锐部队。

在现实生活中，资本经常是看得见、摸得着的，它往往体现为一定的具体物质，如货币、机器、厂房、原料、商品等。一般情况下，凡属你的资本你就对这些物质拥有所有权或使用权。而资源则要宽泛得多，抽象得多，零散得多，模糊得多。两相比较，资源不易评估、不易转移。应对一些特殊情况，如资源对经济、政治危机的应变能力较差；而资本却非常灵活机动，可以应对很多复杂的局面，可以说它是确保项目顺利推进、化险为夷的必要条件。所以资源必须资本化，换言之，资源必须经过整合，使之拥有价值，成为价值资本。

说到这里，需要说说价值。关于价值，有狭义和广义两种。《现代汉语词典》上是这样解释的：

（1）体现在商品里的社会必要劳动

价值量的大小决定于生产这一商品所需的社会必要劳动时间的多少。不经过人类劳动加工的东西，如空气，即使对人们有使用价值，也不具有价值。

（2）用途或积极作用

显然，我们所说的是狭义的价值，就是词典中的第一种解释。一种资源，如果不经过人的劳动加工，它就仍然是一种资源。或许会有人质疑，矿泉水还有许多纯天然的东西，都没有经过人的加工，它们也有价值，也是资本，而不是资源，这又怎样解释？说到这里，又需要对"劳动加工"做一番解释了。劳动可以是多种多样的，可以是具体的，也可以是抽象的；可以是体力的，也可以脑力的；可以是出大力、流大汗的，也可以是运筹帷幄之中、决胜千里之外的。某种矿泉水如果藏在深山之中，人人可以取来喝，它只是一眼山泉。可是如果把它做成商品，拿到市场上去卖，那么需要经过 N 道工序，只有经过考察、化验、市场调查、融资、投资、建厂、招聘、包装、设计、宣传、营销、售后等多个环节，顾客才能喝到一瓶矿泉水，这多个环节就是人的劳动加工。正是由于这种劳动加工，纯天然的矿泉水才成为一种商品。这就是价值资本。

资本和资源一样，大体上可以分为有形资本和无形资本两种。有形资本是指那些看得见、摸得着的资本，如货币、机器、厂房、原料、商品、人才等；而无形资本则是指那些难以看见、难以摸着的资本，譬如品牌、信誉、信用、管理、制度、机会等。

而无论是有形资本还是无形资本，都可分为可评估资本和不可评估资本、置现资本和不可置现资本。一般来说，可评估资本比不可评估资本价值要大、价格也高。而在所有的可评估资本中，最引人注目的是置现资本。俗话说："多得不如少得，少得不如现得"，就是说最好的资本是有形的、可评估的，能置换现金的更好；"远水解不了近渴""远亲不如近邻"，这里所说的"近水""近邻"就是处处时时能给你提供便利的置现资本。

当然，这还只是问题的一个方面，凡事都不能太绝对化。我们说，不能转换成资本的资源是空洞的、苍白无力的；反过来也可以说，离开资源的资本也是孤独的、无助的，资本也必须用来整合资源，没有资源的资本，就像没有软件的硬件，就像嫁不出去的老姑娘，就像过气的大明星。如果没有人来求婚，美女也会恐慌，因为她面临成为"剩女"的危险；如果没有客户贷款，银行也会发愁；如果不出去投资，资本家也会心忧如焚。现在企业界流行一句话："资本为王"，其实这句话只说了问题的一个方面。在这里我想补充一句："资源为后"，完整地说就是"资本为王，资源为后"。资源与资本，二者相辅相成，缺一不可。只有资本和资源珠联璧合、相得益彰，才能创造更多的奇迹。

2. 可评估资本——没数据不能成势力

所谓评估，就是将价值数据化。

说得似乎有些抽象，其实道理十分简单。如果我们走进商场就会发现，这里的商品全都贴着标签，标签上面写明商品的价格，可以让顾客一目了然。假如不贴标签，顾客很可能会觉得麻烦，甚至懒得问售货员一句就走人，使一笔到手的买卖丢掉。

这说明一个道理，资源是无价的，资本则是有价的，在这二者之间，应该建立一条通道。无价的资源只有转换成有价的资本，才能拿到市场上流通。因为这是一个商品社会，一切都要定价，如果不定价，证明你完全不懂甚至无视这个世界的游戏规则，你根本不在市场之内，不能参与交易活动。不能被评估的资本，就像没配鞍的马、没穿衣服的人，无法与别人建立共同关系，也无法与别人合作。

假如你拥有一把两千年前的宝刀，这把宝刀锋利无比，像评书上讲的那样可以"吹毛立断、见血封喉、削铁如泥"。你拿这把宝刀到市场上卖，你说这刀是祖传下来的无价之宝，即使有人想买，也无法下手，因为你的话太含糊了。你说无价，无价你还来市场干嘛？然而如果你换一个说法，说我这把刀值一万两银子，询价的人一听，就知道你理解这个世界的游戏规则，并开始按照这些规则行动。只要你懂得规则，马上就会有人表示兴趣，他们或认同，或反对，或讨价还价，总而言之，你已经和他们之间找到了共同联系和沟通的语言。你的话是具体可感的，而不是抽象的。

所以说，资源仅仅转换成资本是不够的，还需要转换成可评估的资本。

那么，究竟什么是评估呢？在我看来，所谓评估就是对某种资本的加工和包装，使之成为可以流通的商品。黄河水是不可评估的资源，但是假如你建立一个水电站，用黄河水发电，你所发出来的电就是可评估的资本；你用它加工成自来水，你的自来水就是可评估资本；你建一个啤酒厂，用它酿成啤酒，你的啤酒就是可评估资本；假如你发现了分解水的廉价方法，那么你分解水所产生的氢气和氧气更是可评估资本，因为你解决了困扰人类多年的最大问题——能源问题。假如你真的能够用廉价的方法把水进行分解，那么煤价不会居高不下，石油不会引起世界动荡，靠煤炭和石油致富的人们会恨死你，而更多人则会把你当成救星！

突破分解水的技术瓶颈看来还遥遥无期，但是你可以从一些小事上着手，另辟蹊径，来对黄河水进行包装。譬如说把它装进瓶子里，大打原生态的牌。宁夏银川镇北堡西部影视城董事长、著名作家张贤亮把黄河水装进瓶子里，卖给来宁夏游玩的外地游客，一瓶竟然能卖10块钱。

具体的东西需要评估，抽象的东西更需要评估。你造了一辆车，他也造了一辆车，然而你的车卖5万元，他的车卖50万。车的质量、性能没有这么大差异，然而价格却有这样的差异，为什么？因为品牌评估出来的价值不同。你是民营小厂，他是百年老字号，人家的品牌当然比你大，价格远高于你，当然是不在话下的事情。再譬如，你是一名应届大学毕业生，他是一名有 10 年工龄的大专生。然而他干的活少，还管着你，一个月工资是 10000 元；而你干的活多，还要受他管，一个月工资却是 1000 元。为什么？因为他的业务能力和为人处事的能力经过评估了，而你却需要用实战来评估。也许经过几年打拼，你的身价会翻番，甚至超过他，然而目前你必须调整心态、脚踏实地。

新华都实业集团总裁兼 CEO、微软中国区前总裁、有着"打工皇帝"之称的唐骏在日本留学时曾经搞过一个发明，就是卡拉 OK 计分器，歌者只要把歌唱完，卡拉 OK 的计分器就会自动显示一个或高或低的分数。这个发明虽然技术含量不高，但是颇为新颖，它一经面世，立即引起日本一家公司的注意。日本是卡拉 OK 的故乡，日本人对于这种能够增加卡拉 OK 销量的产品兴趣浓厚。这家公司想出 5 万美元购买这项专利。唐骏多了个心眼，去找韩国的三星公司，三星后来花了 8 万美元买下这个专利。凭借这一小小的专利，三星的市场份额从 2.3% 激增至 10% 以上。最有趣的是，三星还把这个专利使用权卖给了日本先锋公司，仅首笔使用费就要了 500 万美元。

同一项专利，不同时间、由不同的人卖给不同的买主，卖价竟然差了这么远！这就是评估的作用。

后来唐骏又发明了大头贴，这个发明也和卡拉 OK 计分器一样，并不难，然而唐骏把它以 50 万美元的价格卖给了一家日本公司，后来竟然以此解决了 200 万人的就业。是这项发明比卡拉 OK 计分器高级吗？不是，连唐骏本人也承认大头贴一点技术含量都没有，然而就是这么一个东西，风靡全球，成为年轻人展示自我、标新立异的利器！

唐骏与几家公司的接触，为我们提供了极佳的经验和启迪。这就是不可评估资本与可评估资本的区别所在。怎样使自己的资本从不可评估资本变成可评估资本，这是一门学问，也是一门艺术，在势力经济运行中，它是非常重要的一环。

3. 股权资产——子子孙孙，无穷尽也

仅仅将资源转换为可评估的资本，这还是不够的，还要把资本转换为权益，换言之，就是转换为股权资产。

还回到唐骏的故事。唐骏作为一名高级打工仔，他的身价竟然可以达到10亿元，这实在让人匪夷所思。然而，这一切都不是偶然，因为唐骏不仅技术上领先于同龄人，眼光上也十分独特。他对于股权资产的理解十分深刻。唐骏素有中国"第一职业经理人"之称，一加盟新华都集团，就获得价值10亿元的股票期权。此前，唐骏在担任微软中国总裁的时候，收入超过了1亿；在担任盛大网络集团总裁的时候，收入超过了4亿。他三次跳槽，都使自己身价升值，被称为"华丽转身"。

其实这一切都与他淘到的第一桶金有关。当唐骏知道三星公司花8万美元买去自己的发明，除了自己使用，还可以转手卖出更高价钱后，他发现，自己吃了大亏。作为某一项事业的开拓者，把自己的技术全部卖掉就是吃亏。因为他卖掉的不是一堆水果，而是一棵摇钱树。与比尔·盖茨相比，他发现自己的头脑实在简单，比尔·盖茨的DOS操作系统以2000万美元卖给IBM公司，这确实是一笔巨款，但比尔·盖茨却不只是简单地卖掉自己的技术，他保留了自己的股权资产。他和IBM公司签约，后者每台电脑安装一次DOS，就要付给比尔·盖茨5美元！唐骏把自己的技术当成一个产品，而比尔·盖茨却把它当成一棵摇钱树。琢磨透了比尔·盖茨的成功模式，唐骏获得了比当初卖专利时大得多的成功。他凭的是什么？就是对股权

资产的深刻认识。

4. 置现资本——把"县官"变成"现管"

水流千里归大海，整合资源不是盲目运动，不是心血来潮，整合资源是为了变现，把死的变成活的，把远的变成近的，把不可用的变成可用的。在所有可评估的资本中，最有价值、最好用的是置现资本。为什么这样说呢？因为其他可评估资本不够稳定，中间变数不少。只要有变数，就有风险。而经济活动的一个重要原则就是使风险最小化、利润最大化。那么如何实现风险最小化、利润最大化呢？那就是把可评估资本变成最抢手、最热门的置现资本。

比如，你养了一个儿子，他在智力上、体力上、教育上都具备成为亿万富翁的潜质，这就属于可评估资本。然而，他现在才七八岁，距离那个理想的境地还很遥远，就算他30岁能成大器，还有20多年呢，你不仅需要迎接各种风险，还要每天为他投资。而邻居也有一个儿子，这个儿子资质平平，却已经上班，虽然干的是普通工作，却能每个月挣近5000元，这就是置现资本。从很大程度上来讲，邻居比你处的位置更加优越，因为他的置现能力比你强，你在种树，他在乘凉、摘果，你在受累，他却在享受。

再比如，新疆、西藏、内蒙、青海等边疆地区的牧民，家家都拥有数百上千只牲畜，按说，畜群是一大笔财产，他们家家都拥有100万资产。然而事实并非如此。边疆地区气候恶劣，如果遇到干旱、瘟疫或者暴雪灾害，牲畜会大量死亡，势不可挡，价值不菲的牲畜会在短短几天内就化为乌有。所以那里的老百姓有一句谚语："家有千贯，吃草的不算。"因为牧民拥有的这些牲畜虽然是置现资本，但其置现能力还是不够强，稍有一点变化，都会面临风险。置现资本就是这样重要。

5. 现金——把"现管"变成"现钱"

在所有的置现资本中，最好用的是现金，它虽然还不能放之四海而皆准，但是绝大多数场合中，都可以畅通无阻。所以人们常说"有钱能使鬼推磨"，"钱不是万能的，但没有钱却是万万不能的"，"有钱走遍天下，无钱寸步难行"。

假如你拥有技术，技术会过时；假如你拥有产品，产品会积压、会变质；你拥有存款，存款可能会被冻结；你拥有股票，股票会遭遇熊市，会被套牢；你拥有房产，房产会崩盘。只有现金，不会过时，不会积压，也不会冻结，除非遇上不可抗力，否则不会快速贬值。只要手里有了现金，你就可以一路绿灯，走遍天下不害怕。而没有现金，哪怕你能呼风唤雨，也照样会遇到尴尬，甚至危险。

仅仅理论上有钱、账面上有钱还是远远不够的，你还得身上有现钱。不信你身上不带钱开车出去一趟，可能你连车都没处停！俗话说得好，"县官不如'现管'"，其实这句话还应该补充一句，那就是"'现管'不如'现钱'"。

在2008年北京奥运会之前，许多房地产企业都自恃拥有土地和楼盘，不可一世。然而随着北京奥运会的日益逼近，人们普遍认为楼市将好景不长，一些企业资金短缺，于是使出了浑身本领，有的打折，有的降价，有的免月供，有的免物业费，有的送轿车，有的垫首付款……开发商们手法不同，但目的只有一个，那就是尽快拿到现金。

其实岂止房地产商懂得现金的重要性，对于现金的重要性，各行各业都心知肚明。譬如近些年来一些大城市的公交公司都发行IC卡——公交一卡通。表面看来，持卡乘客可以享受打折服务，公交公司吃了亏。其实不然，首先办卡需要另外交一笔手续费，对于公交公司来说，这笔钱就像白捡的，积少成多，绝非一个小的数目。以北京市为例，估计北京市有上千万张IC卡，一张卡20元，这就是2亿元！其次，充值是一种预付费服务，不管服务你多长时间享受完，但是你已经把钱提前付给了公交公司；再次，由于可以打折，持卡乘客会更多地选择乘车出行，这样增加乘客坐车的概率，大大提高营业额。公交公司用这一办法，拿到了大量现金，这些现金可以用来进行设备更新和技术升级，可以用来改善员工待遇，也可以用来进行其他短期投资，获取更多利益。

拥有现金可以带来这么多的好处，现金缺乏也会带来种种不便，经济损失，甚至生命危险。

2010年4月房地产新政出台之前，中国一线城市房价疯狂上涨，当时许多人想买房，然而由于行情实在太好，以至于房价一天一涨，甚至几个小时就涨。有些人看房时没带订金，可是等回头把订金取来，房价已经涨了10万，最后要么放弃购房，要么白白多交10万元。可见现金是多么重要。

6. 现金流——生命在于运动，资金也在于运动

仅有现金还是不够的，一个明智的人还应该让手中的现金流动起来，即让现金形成现金流，如果不形成现金流，现金等同于废纸一堆。古人说："流水不腐，户枢不蠹"，意思是说，流动的水不会变臭，转动的门轴不会生虫。同理，现金也需要像水一样流动，如果不流动，它就是臭的、死的，因为它不会产生价值，不会产生效益。20世纪80年代，有一家农民承包土地，一家人辛辛苦苦干了一年，好不容易挣了一万块钱，成为万元户，他们舍不得花，又不懂得把它存到银行吃利息，就

把这一万块钱塞到鞋里，藏到床下，准备将来娶媳妇的时候拿出来用。一年以后，他们要娶媳妇了，这才把鞋子从床下找了出来。可惜鞋子里已经没有钱了，他们的一万块钱都被老鼠咬成碎片做了窝！全家人一年的血汗钱没了，这家人欲哭无泪。

可能会有人觉得这家人笨，心里说，我把钱锁在保险柜里，就不会有老鼠咬了。其实这只不过是一种"五十步笑百步"的想法，因为多么坚实的保险柜都无法真正保险，它能挡住狡猾的小偷，却挡不住时间的流逝，挡不住行情的变化，挡不住政策的变化，挡不住物价的上涨，挡不住货币的贬值，甚至因历史的政局变化，还可能被宣布作废。

在居民消费价格指数（CPI）遥遥领先于银行利息积累速度的时代，把钱存到银行稳稳当当吃利息都无异于赔钱，更何况放在保险柜里呢？要想让钱不贬值，最好的办法还是让它流动起来，转换成现金流。近几年，有一种叫作"现金流游戏"的游戏风靡世界，这个游戏有很多规则，其中一个最大的规则就是要把死钱变成活钱，即把钱拿出去投资，让它流动起来，成为现金流。

每当通货紧缩的时候，国家都会提倡扩大内需，并且采取降低利率等相关救市政策。为什么？降低利率、扩大内需，就是要用尽一切办法让你花钱、请你花钱、逼你花钱，把你手中的钱变成商品、变成项目。这样一来，流通的商品多了，在建的项目多了，市场上流通的货币也就多了，现金流就大了。水流多了，自然会有鱼来繁衍，会有鸟来觅食，会形成一个自足的系统。就像空气的流动能产生风霜雨雪一样，现金的流动也会带来许多联动效应，它会带动物流、带动人流、刺激生产、拉动就业、带动产业链、带动整个国家经济的发展。

所有的运动都会产生速度，现金的流动也会产生速度。现金流动速度的快慢，决定着产生效益的速度。在各种行业中，零售业之所以能够不断对人们产生吸引力，除了因为它需要的专业技术较低、容易入手以外，还有一个原因就是零售业的现金流动速度快于其他行业。你去批发几双袜子摆在地摊上卖，也许半天功夫资金就可以回笼，并且赚回足够利润，现金流动和产生赢利的速度都快得惊人。美国的沃尔玛超市之所以能够在全世界横行无阻，道理也在这里。

7. 模式——个别加工与批量复制

会下棋的人都知道，车有车道，马有马道，不同的棋子会有不同的走法。作为一种更高级、更复杂的智力活动，整合资源也应该有一套自己的章法、一个自己的模式。没有模式的整合就像散打碎敲的游击战，是无法产生决定性成果的。没有模式，会让自己陷于极大的被动局面。小农经济之所以落后，就是因为许多处于封闭状态的农民没有自己的模式，长期处于盲目、无序的生产状态。看到种瓜能挣钱，他们也种瓜。可是种瓜的人一多，瓜价跌了，豆价却涨了，他们仍然没挣到钱。等到第二年，大家又追随去年的行情，一窝蜂地去种豆，种豆的人一多，豆价又跌了，瓜价却因种的人少涨了上去，种豆的人还是赔了钱。于是他们下一年又去种瓜……这就是恶性循环的盲目模式。与这样的农民相似，中国当代许多资源整合者也是这样，操盘者大多缺少整体观念，不懂系统工程，跟着感觉走，跟着过时的信息和行情走，东一榔头西一棒子，导致许多项目不是全军覆灭，就是虎头蛇尾，中国过去的视觉文化产业就是如此。看到拍情感戏赚钱，都去拍情感戏；看到古装戏热播，都去拍古装戏；看到抗战戏轰动，都去拍抗战戏；看到情景喜剧赚钱，都去拍情景喜剧。没有调查，没有研究，没有策划,没有章法,也就不会成功。

即使那些运作较好的影视企业,也是只有作品没有产品,只有产品没有商品,只有商品没有品牌,只有品牌没有产业,只有产业没有产业链。譬如这几年抗日题材电视剧《亮剑》红遍大江南北,一时间万人空巷。按理说,这应该是一个可遇不可求的大好商机,借此机会,投资方和制作方都可以大赚特赚,不仅可以在短期内赚取大量产品利润,还可以在一个较长的时间内赚取天文数字的衍生产品利润。然而《亮剑》的制作者却迟迟未能在这方面"亮剑"。到头来,《亮剑》再火,也只是个"孤家寡人",没有衍生产品,更谈不上衍生产业链。电视剧在电视上一轮又一轮播出后,除了登上排行榜,让人们增加些茶余饭后的谈资以外,没有产生它应该产生的其他经济效益,没有产生亮剑牌宝剑、没有产生亮剑牌体育用品、没有产生亮剑牌服装、没有产生亮剑牌食品、没有产生亮剑牌饮料、没有产生亮剑牌玩具……由于《亮剑》的故事发生地没有锁定和聚集,《亮剑》也没有衍生出相关的旅游观光资本等。自始至终,电视剧《亮剑》的最大得益者,是播出方、广告商以及编创人员,主演李幼斌更是借此名声大振,演一集电视剧能挣十几万,一度成为中国身价最高的演员,而为《亮剑》耗尽心血的投资方和制作方获得的只是微乎其微的产品利润。

无独有偶,同时期热播的另一部军事题材电视剧《士兵突击》情况也与此相似。《士兵突击》的最大得益者,也是播出方和广告商,以及导演康洪雷和主演王宝强。而历尽千辛万苦、冒了巨大风险的投资方和制作方得到的也只是一点可怜的产品利润。与《亮剑》和《士兵突击》相比,电视剧《乔家大院》的情况稍好一些,它带动了一条产业链。然而《乔家大院》最大的获益者是乔家大院的经营者，而不是电视剧的投资方和制作方。据报道，电视剧《乔家大院》播出后，山西祁县乔家大院的游客激增，门票涨价，收入大幅提高，仅当年五一黄金周的门票收入就超过了上一年全年的收入总和。客观上，电视剧《乔家大院》已经在运用一个模式，那就是"以视觉文化带动区域经济"的模式，但这一切都是自发的，而不是自觉的。没有"谋在先，行在后"的周密策划，没有形成模式，所以无法复制，无法推广，当然也就无法产生更持久的经济效益。

不仅中国的视觉文化产业缺少模式，中国的其他产业也大多存在类似弊病，只是程度轻重不同而已。没有模式的企业经营和没有模式的项目，都只能赚取机会利润，而不是模式利润。也就是说，即使赢利了，这些钱也是凭侥幸赚到的，而不是凭智慧赚到的。这仅仅是个点，不是面，更不是体；是金子，不是金矿，更不是点金术。只有拥有属于自己的模式，才能赚取模式利润，使赢利走出侥幸，走向理性，从不可预期变为可以预期，从不可策划变为可以策划，从胜负难料变成稳操胜券。

8. 标准——新中国为何能取代旧中国

是不是仅仅拥有模式就万事大吉了？不是，模式尚需提升和提炼，成为标准，如果说模式是坦克的话，那么标准则是飞机，二者不可同日而语。在经济界，有一句话非常流行："一流企业卖标准，二流企业卖品牌，三流企业卖产品。"根据经济学家研究，决定某一产品属性的关键因素可分为三方面，科学技术、商业运作和符号。科学技术决定产品的质量，商业运作决定产品的价格，唯有符号决定产品的价值。而符号包含哪些内容呢？一是品牌，二是标准。仅仅建立品牌，企业还处于可竞争领域甚至高竞争领域；唯有建立标准，才能使企业进入蓝海，进入无竞争领域。

标准妙就妙在标准可以复制，容易复制。在工业生产过程中，有标准，也有非标准，非标准要比标准难。标准件只要开动车床，就可以加工很多个，而非标产品则往往需要一个一个地做，甚至纯手工操作，十分麻烦。

众所周知，有着近60年历史的沃尔玛是世界零售业的龙头老大，是世界上员工最多的企业。截至2009年5月，沃尔玛在全球14个国家开设了7900家商场，员工总数210万人，每周光临沃尔玛的顾客1.76亿人次。沃尔玛是全球500强榜首企业。然而你是否知道，沃尔玛是玩标准的高手？经过长期研究，沃尔玛发现，顾客都是精打细算的，这一心理，无论富贵如国王，贫贱如乞丐都不会例外。于是，他们提出"帮顾客节省每一分钱"的宗旨。为了贯彻这一宗旨，他们煞费苦心，要给顾客们制造一系列的"价格惊喜"。沃尔玛卖场的通道都是完全按照顾客的心理习惯设计的，顾客无论进入哪个区域，都能时不时地眼前一亮，发现一款熟悉而便宜的商品，不由得被一种巨大的购买冲动所控制。刚刚挑选上这些商品不久，又会发现另外的满意商品……有人把沃尔玛购物与欣赏好莱坞影片相提并论，并用"高潮迭起"来形容沃尔玛的购物体验。沃尔玛不仅发现了这一规律，创造了这一模式，而且将其标准化，并在全球不断复制。正因如此，沃尔玛才成为富甲美国的"沃尔玛帝国"。有资料显示，沃尔玛的年销售额相当于全美所有百货公司的总和，而且至今仍保持着强劲的发展势头。

处理产品如此，处理人与人的关系也是如此，处理政治事务、经济事务也是如此。正因为此，秦始皇能以一个边远小国，快速兴起，并吞灭六国。因为其他六国各有各的制度，各有各的文字，各有各的度量衡，而秦始皇却统一度量衡，"车同轨，书同文"，结束了以前那种混乱的局面，加强了自己的统治。虽然秦始皇的江山后来很快败在了他儿子秦二世的手里，但是他建立的中央集权模式却在后来不断地被历朝历代统治者复制，使中国进入一个空前强大的时代，并且持续兴盛了2000多年。

在人类社会的各种组织中，行动最有效率的是军队，因为军队的许多标准都是硬性的，是可以克隆和复制的。红军能从弱小得到发展壮大，因为红军有"党指挥枪"的模式，有"三大纪律八项注意"的标准，有一套行之有效的生存与发展模式和标准。

美国为什么强大？因为它在政治、经济、军事、文化诸多方面都成为人们公认的标准，以至于连美元都获得了"美金"的称号。即使在金融危机之时，许多人仍然对"美金"情有独钟，坚信它必能大难不死，挺过这次危机。

对于企业而言，拥有标准的意义更是非常巨大的。因为拥有标准可以提高技术竞争力，推广产品，开拓市场，建立一个新的行业，甚至可以控制未来。以美国微软公司为例，微软开发出视窗操作系统，诚然十分了不起，让全世界用户都使用它更是值得大书特书。然而更难能可贵的是，微软把自己的视窗操作系统变成了世界标准。只要你用电脑，你就很难回避微软，视窗操作系统几乎达到人手一份的程度。只要你用电脑，你就无法绕开它，真的应验了"此山是我开，此树是我栽，若想从此过，留下买路财"那句话。

如今，标准已经为许多行业所重视，无论是传统行业还是新兴行业，都开始加大对标准的研究，文化产业亦不例外。只不过文化产业由于经营的产品与传统行业所经营的产品不同，衡量的尺度不同，而且难于评估，建立标准的难度稍大一些。然而文化产品有一点是与传统产品相同的，无论它有多么特殊，它仍然需要拿到市场上去流通，创造利润，这一点可以作为一个重要尺度。与其他产品一样，在文化产业里，那些运作风险小、投入产出比大、能创造更大利润、带动更多产业链，且能在较长时间保持持续增长的产品和项目更接近标准，而那些运作风险大、投入产出比小、不能创造利润或者创造利润少、不能带动产业链，且不能持续增长的产品和项目相对就离标准较远。当然，由于文化产业特别是视觉文化产业具有商品和艺术品的二重性，经济标准不能作为衡量它成功与否、达标与否的唯一尺度，还应当把市场性和艺术性兼顾起来，但标准是势力经济腾飞的翅膀，这一点是放之四海而皆准的。

三、蓄势
——距离产生美，距离产生能

在掌握了借势的诸要素，并做好充分准备工作之后，我们可以进入蓄势阶段。

蓄势的关键在于寻找和评测距离，因为距离中间蕴含着巨大的奥秘。心理学告诉我们：距离产生美。而物理学则启示我们，距离产生势。中国古老的军事经典《孙子兵法》说："激水之疾，至于漂石者，势也。"意思是说，湍急的流水之所以能冲激巨大的石块，是因为它拥有产生强烈冲击力的势能。这种势能是水流由高到低产生的落差形成的。没有距离就没有落差，也就没有这种强大的势能。现代人最离不开电，很多电就是从水电站发出来的，水电站又是用什么原理发电的？就是落差原理。葛洲坝、乌江渡、白山、龙羊峡等都是选在水流落差大的地方，因为落差大的地方势能大。

建发电厂如此，做任何事业都是如此，都要充分地认识"势"，研究"势"。"势"是一种趋势，"势"是一个方向，"势"是一种能量。从空间距离、时间距离、文化距离和实力距离四个方面入手，我们可以找到"势"，找到这种趋势、方向和能量。

1. 空间距离——培养爆发力

我们生活在一个无比巨大的空间里，一代伟人毛泽东写过"坐地日行八万里"的诗句，意思是说，即使你静止不动，成天在那里闲坐着，你一天也会随着地球的自转旋转4000多千米。在这广阔的大地上，生活繁衍着200多个国家和地区，数千个民族。各国有各国的文化，各地有各地的物产。由于空间距离的阻隔，这些文化和物产稍微挪动一个地方，就可以提高价格。不信你到超市去看，凡是本地出产的水果价格都十分普通，凡是外地产的水果都价格不菲，而那些跋山涉水甚至远涉重洋来到中国的洋水果，其价格更是高得离谱，往往是国产水果的几倍甚至十倍。到底是什么原因造成这一现象呢？是空间距离。空间距离不仅可以增加运费，增加关税，还能增加商品的文化附加值，这正是空间距离所产生的"势"。

中国有句古语："他山之石，可以攻玉"，还有一句俗话："外来的和尚好念经"。说法虽然不同，但所表述的意思却异曲同工，那就是说，空间距离可以产生吸引力，使人对其他国家、其他地区、其他民族的物质文化和精神文化产生好奇、向往甚至崇拜心理。这种好奇、向往和崇拜，有时候与那个国家和地区的经济发达程度有关，有时则无关。

正是因为这个缘故，经历过十年浩劫，当中国国门打开的时候，一直处于闭关自守中的国人突然对外国投以青睐的目光，甚至有人提出"外国月亮比中国的圆"的极端说法。人们先是"迷恋"日本电器，然后又"迷恋"德国汽车、意大利皮衣、法国香水、东南亚的热带风光、北欧的宁静优雅，而美国的一切，大到汽车，小到转笔刀都被认为是最好的……外面的世界很精彩，几乎所有的其他国家都能激起人们强烈的好感。而日本动漫、美国大片、韩国电视剧更是让我们欲罢不能的几种外国文化产品，而这又使我们对这些文化产品的原产国增添了几分认同与好感。即使在改革开放近40年、中国取得天翻地覆变化的今天，在大多数国人看来，外企仍然是高收入的代名词，外教仍然是高质量的代名词，外语更是高水平的代名词。

不仅民族对民族有这样的吸引力，地区对地区也有这样的吸引力。

北方人向往南方，南方人向往北方；东部人热衷西部，西部人钟爱东部；沿海的人向往内地，内地的人向往沿海；热带地区的人向往寒带，寒带地区的人向往热带。由于距离产生的这种美感，多少人来到天山脚下的新疆，多少人奔往白山黑水的东北；多少人到天涯海角畅游，多少人到塞外大漠观光；多少人跋山涉水，多少人远渡重洋。越远的地方，对人的吸引力就越大。自古以来，地球上所有人最为向往的旅游景点是离地球38万千米的月球，虽然月球上面是一片比地球上任何沙漠都浩瀚的大沙漠，它没有生命，没有水，甚至连空气也没有，更没有温暖的春天、美丽的鲜花、轻柔的音乐和浪漫的爱情，比地球上的任何旅游胜地都远……然而这一切都挡不住人们梦想的翅膀。假如有一天科学技术进一步发展，登月的成本进一步降低，低到人人都可以去那里游玩，那么前往月球旅游的人将会络绎不绝。因为月亮能给人带来光明，带来梦想，带来浪漫，带来诗情画意。千百年来，地球上所有的民族面对月亮，都忍不住诗兴大发，欣然命笔。这么深厚的文化积淀和文化内涵，早已使月亮成为人人向往的地方，一旦条件成熟，人们可以马上整装出发。

这一切都证明，空间距离可以产生美感，产生势能，甚至产生神秘。如果把这种空间距离产生的美感和势能当成一种宝贵资源,并对之进行整合、优化、策划,就可以让这种美被亿万人共享,并产生巨大的利润。

2. 时间距离——增加吸引力

空间距离可以产生的能量,时间距离也可以产生。一件破破烂烂的家具,价格令人咋舌;一个土得掉渣的兵马俑,价值不菲;就连一具丑陋干瘪的木乃伊,还可以纵横四海,在全世界巡回展出,引得万人空巷。是制造它们的木头昂贵,还是制造它们的泥土特殊,抑或那是外星人的尸体?显然都不是。是漫长的时间让它们成为历史的见证,为它赋予了一种价值。有一个笑话,说是有一家酒店卖啤酒,说这是拿破仑时代的啤酒。顾客一喝,发现味道很差,抗议道:"这不是啤酒,这纯粹是洗脚水!"老板赶紧辩护:"对,这就是洗脚水,不过,这是拿破仑时代的洗脚水!"是什么使这位老板如此理直气壮?是时间!拥有那么久的历史,连洗脚水都可以卖高价。

姜是老的辣,酒是陈的香。虽然人们都有喜新厌旧的倾向,但是在文化领域,"论资排辈"却是一条谁也无法逃避的规律,人们对古色古香的东西总是会莫名其妙地肃然起敬。尤其在服务行业,时间所产生的势能更大,你可以开最好的店面、搞最好的装修,但是这一切在顾客心目中,往往不如老厨师、老中医、老裁缝的招牌更亮。

同样是电视剧,《三国演义》《红楼梦》就比《奋斗》《金婚》的生命力顽强,既能畅销,又能长销。因为它们本身所表达的内容,已经经受了时间的冲刷,成为历史的一部分。

由于这个缘故,那些文明古国拥有更多骄傲的资本,与之相比,那些后起之秀总有些英雄气短。在现实中,美国是政治大国、经济大国和文化大国，然而面对英国、法国、俄国的时候，它总是有些露怯。为什么？因为面对"老大哥"的时候，美国只能是个"小弟弟"，它只有200多年的历史。面对东方文明古国的时候，美国就更是身无长物了，所以美国只能与其他国家比技术、比制度、比信息产业、比现代化战争。

巧妙利用时间距离所产生的势能，对历史文化资源进行整合，制造出符合广大消费者需求的产品，特别是文化产品，可以为商家开辟巨大的利润空间。尤其是随着中国国力的日益增强，国人的文化自尊心和自信心开始复苏，开始重新认识自己的民族史、审视自己的民族史、评价自己的民族史、肯定自己的民族史并消费自己的民族史，人们已经开始对历史表现出不可遏制的热情。无论是传统文化研究者易中天、于丹等人的作品的畅销，或者是网络作者"当年明月"的走红，抑或是古装影视的大行其道，都充分证明：遥远的时间距离，为我们提供了无限的商机。我们只需要把握住这一规律，就可以收获多多。

3. 文化距离——提高耐久力

正如空间距离和时间距离形成的落差可以产生势能一样，文化距离所形成的落差，也能产生可观的势能。美国好莱坞各种类型的影视产品能够长期占据全世界观众的眼球，不仅是因为它的故事紧张，人物丰满，结构紧凑，情感深沉，广告攻势汹猛，还因为这些作品中弥漫着与我们的文化所截然不同的美国文化。譬如美国式的民主自由、英雄主义、团队精神、忏悔意识、家庭观念……正是美国文化的无孔不入，才使美国电影独步全球、傲视群雄。如果把美国文化从好莱坞影片中剔除掉，它将变成一无所有的空壳。我有这么几句话："好莱坞是美国的'宣传部'，迪士尼是美国的'统战部'，华尔街是美国的'组织部'，哈佛大学是美国的'人事部'"，话虽调侃，但却也多少反映出美国文化强势的一面。

而日本动漫、韩国影视之所以迅速崛起，也与其中的日本文化和韩国文化有关，如果他们的电影仅仅是电影、电视剧仅仅是电视剧，里面没有精彩纷呈的本国文化，没有文化差异和文化距离形成的巨大碰撞和反差，那么它仅仅是一部部电影、一集集电视剧，而不会成为一个具有强大生命力和影响的产业，更不能成为传播本国文化、弘扬民族精神、带动本国经济的主力军。

作为四大文明古国之一，我们中国文化博大精深，到地球上任何一个地方，与任何一个民族的文化进行对比，它都毫不逊色，甚至更胜一筹。如果对中国文化资源进行整合，推出一系列具有中国特色的视觉文化产品，必将引起世界人民的强烈兴趣，并带来巨大收益。

30年前，张艺谋拍摄了一部电影《红高粱》，这部电影在柏林电影节上一炮打响，使中国电影走向了世界。这部电影靠的是什么？靠的是文化，无论是影片中酿酒的工艺，还是抢亲的故事，或者是粗犷的民歌，甚至小孩往酒中撒尿的场面，虽然粗俗，给中国酒文化抹了黑，甚至歪曲了中华民族的形象，然而这一切仍然深深地震撼了那些评委，使他们刮目相看。张艺谋后来的作品都与中国文化有关，虽然他的有些作品是成功的，有些则是失败的，然而无论如何，他是真正懂得借力传统、借力历史，并把文化距离所产生的能量转换为票房值的高手，否则，2008年北京奥运会开幕式也不会请他担任总导演。

4. 实力距离——蓄积冲击力

胜利的战争，不是势均力敌的战争，势均力敌是一种无意义的冒险甚至自杀。胜利的战争，应该在自己占有绝对优势的情况下去获得。《孙子兵法》上讲："故用兵之法，十则围之，五则攻之，倍则战之，敌则能分之，少则能逃之，不若则能避之。故小敌之坚，大敌之擒也。"意思是说，在实际作战中，当己方兵力十倍于敌的时候，就实施围歼；五倍于敌时，就实施进攻；两倍于敌时就得死拼，努力战胜敌人；势均力敌、旗鼓相当时，只能设法分散敌人，各个击破。兵力弱于敌人，必须尽可能避免作战。弱小的一方如果死缠烂打，注定会成为强敌的败俘。要想赢得战争的全面胜利，必须在兵力上占有优势局面，才是取胜的关键。毛泽东在讲到战争时也经常说"集中优势兵力，先打弱敌，各个击破"，就是这个意思。在《论持久战》中，他进行了更加细致的分析："……例如抗战初起时期之所为，那就完全不适合敌小我大、敌强我弱这两种情况，那就决然达不到战略目的，达不到总的持久战，而将为敌人所击败。所以，我们历来主张全国组成若干个大的野战兵团，其兵力针对着敌人每个野战兵团之兵力而二倍之、三倍之或四倍之，采用上述方针，与敌周旋于广阔战场之上。这种方针，不但是正规战争用得着，游击战争也用得着，而且必须要用它。不但适用于战争的某一阶段，而且适用于战争的全过程。战略反攻阶段，我之技术条件增强，以我弱敌强这种情况即使完全没有了，我仍用多兵从外线采取速决的进攻战，就更能收取大批俘获的成效。例如我用两个或三个或四个机械化师对敌方的一个机械化师，更能确定地消灭它。几个大汉打一个大汉很容易打胜，这是常识中包含的真理。"

商场也好，战场也好，都存在一个"杀敌一千，自损八百"的概率，要想成就大事业，必须集中所有的力量，无论经济力量，人才力量，还是精神力量。如果不投入数倍甚至数十倍于敌方的兵力，让自己保持绝对的优势，万一出现突发性事件，必然会措手不及。我们经常看到许多企业在电视台展开狂轰滥炸的广告攻势，似乎是浪费，但这一点也不浪费，因为只有狂轰滥炸，才能使他们占有绝对的优势地位，保证在市场营销中稳操胜券。"牛刀杀鸡""小题大做"似乎是一种浪费，但是在经济工作中，这是一种再正常不过的选择。相反，小打小闹，一盘散沙，像撒胡椒面一样均匀用力，是什么目也达不到的，甚至会造成灾难性的失败。无论是战场，还是商场，这样的败绩已经举不胜举。另一方面，由于占有压倒优势，实现全面胜利的案例也是不胜枚举。

中国视觉文化产业之所以难成气候，既不能稳住国内市场，更不能打开国际市场，其中有一个原因，就是小成本作品占了主流。如国内业界疯狂炒作《疯狂的石头》《武林外传》等小成本影视作品。这是以偏概全，混淆视听。表面看来，莺歌燕舞，一片繁荣，然而，东撒一点胡椒面，西撒一点胡椒面，使中国影视长期低效率、低质量、低水准、低收益，以十分被动的姿态面对观众，根本无法与动辄数亿美元的好莱坞影片相比。

20世纪50年代的全民"土法炼钢"，最后花的钱全部加起来，是一个天文数字，这是对资源的一种极大浪费。俗话说："伤其十指，不如断其一指。"从宏观上看，小成本小投入，这是浪费；大成本大投入，才是花较少的钱办较多的事。牛刀杀牛，鸡刀杀鸡，是无法和市场拉开实力距离、形成巨大势能的，其结果只能是在市场上出师未捷、无功而返。要想改变这种被动局面，必须倡导大投入、大制作。因为只有大投入才能和市场拉开实力距离、形成巨大势能，启动大产业，运作大作品，实现大营销，带来大回报。

四、造势（上）
——要打一场宣传战

所谓造势，就是通过点石成金、呼风唤雨的整合运作，使自己的战略地位向有利于自己的态势发展，并使自己在战术上享有极大的主动性和机动性。

任何企业都需要造势，使自己的影响力、吸引力和势力最大化。考察那些成功的企业，你会发现，他们的宣传投入所占比重不小。"酒香不怕巷子深，皇帝女儿不愁嫁"，这是一种落后的小农意识。有了产品要造势，有了成绩也要造势。许多人有了钱，为什么要买宾利、林肯、凯迪拉克、劳斯莱斯？不为别的，是为了造势，增加合作机会。有钱人为什么要买豪宅，难道豪宅就比平房舒服？舒服肯定是要舒服的，然而一觉睡过去后，全都一样了，因为睡着的人根本不知道自己睡在哪里。甚至睡在平房里能梦见豪宅，睡在豪宅里却梦到破产。那么有钱人为什么要买豪宅？难道仅仅是虚荣、炫耀？不是的！这是造势。豪宅会比平房影响力更大，不光说出去好听，还会让你在办事的过程中如鱼得水。炫富大可不必，然而藏富却是一种货真价实的土财主心理。现代社会，造势应该成为一种基本功，别说企业，就连黑社会也懂得造势。你看那些香港电影中的黑社会，从老大到小弟，全是黑西装、黑墨镜，难道这身造型打架更方便？不是的，这身打扮更醒目，产生强烈的视觉冲击力，让人们产生畏惧心理，黑社会也是懂得色彩心理学，并以此造势的。

造势的方法虽然千变万化，但归根结底，还是一个信息传播、信息复制和信息放大的过程。就像买豪宅的有钱人，他不是悄悄住在那里，而是会在做好基本安全工作的前提下，利用各种各样的机会向外透露，让更多的人知道他拥有豪宅，实力雄厚，让合作者、客户及那些购买他股票的投资人有信心，并因此产生资金、人才、技术和财富的聚合。

要想做事，必先造势，这是一条铁的法则。秦末的农民起义领袖陈胜、吴广，为什么要让困于大泽乡的农民们在夜里大声呼喊"大楚兴，陈胜王"？那是为了造势，让天下人民都相信秦朝气数已尽，陈胜将要成为领袖。楚汉之争中，刘邦为什么要让士兵大唱楚地歌谣？也是为了造势，通过声音瓦解项羽的军心。2008年，我去贵州遵义考察，看到遵义会议旧址，发现墙上保留着当年的革命标语"红军万岁"之类，心里十分叹服。在那个年代，共和国的元老们就是用刷标语、喊口号的土办法宣传，最终孕育出了一个共和国。

我们应该好好学习前辈们的经验。记得毛泽东在《论反对日本帝国主义的策略》中说过："长征是宣言书，长征是宣传队，长征是播种机。"这三句说的都是宣传，即信息的传播。可见毛泽东对宣传的意义是了如指掌的，并且在共产党的组织机构内专门设置宣传部。

"车有车道，马有马道"，任何信息传播，也都有自己的渠道。

在古代社会，科技非常落后，信息传播十分原始，可以用来造势的媒体不是纸笔就是舌头，传播效果可想而知。进入近代以后，科技飞速发展，信息传播也进入一个立体阶段，电影出现了，收音机问世了，甚至连"秀才不出门，而知天下事"的电视机也发明了出来，每一个家庭都成了企业进行宣传战的主战场。而新世纪里，随着手机的广泛普及和功能的日益更新，每一个人都拥有了一部随时随地接收多媒体信息的接收器。信息传播比以往更方便了，信息内容的丰富和传播速度的快捷，都非过去可同日而语。现代企业的造势工作，也提上了新的日程。

通过对信息传播史的研究，不难发现，多媒体化的视觉信息是信息传播的最佳方式，它远远优越于单纯的文字信息和声音信息。根据科学研究，人类80%的信息都通过视觉获取，视觉是我们认识外部世界的主导器官。视觉信息是人类行为的主要动力。依此理论，要想实现信息传播的最佳效果，应当首选视觉媒体，如果能像众多的电视台那样，拥有一个自己的视觉媒体平台更好。视觉手段可以最好地吸引人们的注意力，增强人们的记忆力，从而达到拓展自己的亲和力、产生自己影响力、增加自己吸引力的目的。科学家经过研究发现，视觉包括颜色视觉、形体视觉、暗适应与明适应、对比和视觉后像等内容，其中，形体视觉作用和颜色视觉作用最大，印象最深。因为一个广告面世，首先要使人知道你的广告所宣传的商品是个什么东西，是个什么样子；其次再知道它是什么颜色。由于形体和颜色对视觉的刺激功能，使它所携带和传递的信息更多。

然而由于行业分工，加上特殊的国情，中国的媒体是一个特殊的行业，一般人无法进入，企业更难拥有属于自己的媒体平台，即使拥有，这种媒体也难以超越行业和地域的界限，达到最好的传播效果。而利用别人的媒体，费用不菲，自己的目的也大打折扣。

无论是广告,还是公关,抑或是公益,都变得特别昂贵,门槛越来越高,风险大而产出小。前些年,经常会出现企业由于无法支付昂贵的广告费而濒临破产的案例。譬如曾经在中央电视台红极一时的秦池酒,就因此走了麦城。即使今天,也有许多企业因巨额广告费而债台高筑,不得不靠抬高售价来弥补广告造成的亏空,而这又导致消费者强烈的不满,成为恶性循环。

于是,投资拍摄以电影、电视剧和动漫为主要手段的视觉文化产品,成为企业面前一条光明的出路。因为这样的视觉文化产品比文字更直观、更快速、更持久。与传统的视觉产品如绘画、摄影等相比,它又是动态的,有声有色、活灵活现的,具有无与伦比的传播效果。与电视上的硬广告相比,它又不生硬、不说教、不强制,而是润物细无声地渗透,让你潜移默化地接受它。

无数事实证明,借助影视、动漫等视觉文化产品,可以直接明快地表达自己的诉求,吸引观众的注意力,产生自己的影响力和吸引力。一种深沉的情感、一个深奥的道理,只需用一些艺术化的镜头,就可以交待得清清楚楚、明明白白。而由无数动感十足、精妙绝伦的镜头、场景构成的影视作品,更是可以传达无尽情感,阐述无穷哲理,讲述无限故事,影响无数观众。视觉文化产品既是工业产品,又是艺术作品;既是商业,又是艺术,可以通过一系列艺术化、超浓缩、故事化的手段,产生成瘾性,令人欲罢不能,流连忘返,从而成为其长期受众。

除了传播方面所具有的这些巨大优势以外,视觉文化产品还有两大特征。首先,它是一种罕见的、标的不转移的产品,也就是说,我的电影、电视剧和动漫卖给你了,但你只享有某一时间段之内的播出权，过了这个时间段，它就又属于我自己了，我可以再把它卖给别人，你想继续使用也可以，但是你得重新支付费用，至于价格，就得随行就市。就好比租房子，使用权归房客，所有权归房东，房子最后仍然属于房主一样。视觉文化产品的这一优越性，是其他产品所望尘莫及的。其他产品多数都会标的转移，使开发者的利益缩水。

其次，视觉文化产品本身可以成为一个宣传效果极佳的媒体，不仅可以宣传制作者自身的形象，还可以借植入广告等形式，宣传其他广告客户的形象。这一特点又使视觉文化产品的投资从广告行为、成本行为变成一种投资行为地、一种获利行为，投资者虽然不是报社，不是电视台，却也能好好挣一大笔广告费。你如果能推出《泰坦尼克号》《变形金刚》那样的巨片，影响力甚至会比多数电视台还大。

可以这样断言，在信息传播方面，再也没有比电影、电视剧和动漫等为代表的视觉产品更好的传播手段了。世界视觉文化产业百年历史已经证明，拍摄影视和动漫产品产出大、风险小，可以多次获得收入，是将广告行为变为投资行为的最佳选择。

1. 电影手段——无坚不摧的"王牌部队"

电影是流动的图像。在一般情况下，人们看到的图像是静态的，无论刻在石头上的岩画，还是印在纸上的年画，都是静止不动的，它所承载的信息量十分有限。然而静画一旦变成动画，一切都大为改观，图像由平面变成立体，由静态变成动态，从死气沉沉变成生机勃勃，承载的信息量大了，传播的范围广了，影响力和吸引力也就大了。习惯上，人们都认为电影是西方人发明的，其实电影的鼻祖不是外国人，而是我们中国人。我们老祖宗在1000多年前发明的走马灯和皮影戏，都是现代电影的雏形，或者可以说是始祖。只是由于当时没有电，没有成熟的消费者，没有完整的市场，走马灯和皮影戏未能在中国发展成现代电影。

现代电影是美国发明家爱迪生和法国发明家卢米埃尔兄弟同时发明的。虽然电影在出现后一度被人忽略，然而随着人们对信息的巨大需求，没过多久，电影又成为人们的宠儿，成为人们政治生活、经济生活和精神生活三大领域中不可或缺的组成部分，支撑着人们的生活，丰富着人们的生活。电影出现不久，美国电影大师格里菲斯就发出这样的预言："电影在未来将成为新的世界语言，凡看者都能理解。"如今，这一预言已经变成了现实。

任何行业，一旦进入"政治—经济—艺术"三足鼎立的超稳定结构，所有人都得向它俯首称臣，作为电影发明者的美国人更是当仁不让，抢先一步。

电影出现之初，就迅速成为商业社会中的一种特殊商品，是为投资者赢利的。然而任何商业行为都必须研究人类心理，只有充分把握人类心理，才能使自己的商品不胫而走。从这个角度看，电影又是特殊商品，是具有艺术性的商品。随着时间推移，电影产业日益成熟，电影的艺术性不断增强，其商业本质被遮盖起来，铜臭味闻不到了，它披上了艺术的神秘面纱，从产品摇身一变而为作品。

电影诞生的年代，正是美国崛起的年代，这一崭新的艺术和商业形式，引起了美国政府的高度重视。出于对外扩张的需要，美国把电影工业提高到国家战略的高度，好莱坞拔地而起。第一次世界大战结束之后，好莱坞逐渐成为电影王国。好莱坞电影在短时间内就在世界上几乎所有国家抢滩登陆。1930

年，好莱坞巨头威尔·海斯忠告一位专向国外推广好莱坞影片的广告商沃尔特·汤姆森，不要小看美国电影的影响，他说："每一英尺影片在银幕上放映，就意味着销售一美元的美国商品。"当然，这一论断是针对大半个世纪前的物价水平而言的，如果按照21世纪初的物价水平折算，等于每一英尺影片在银幕上放映一次，就可以促进100美元美国商品的销售。这就是好莱坞的神奇能量！

如今，好莱坞已经走过了100多年的历史，它已经成为电影的行业标准，无论什么产品，只要与好莱坞挂上钩，就能席卷市场，成为霸主；无论什么观念，只要与好莱坞挂上钩，就能成为时尚，领导潮流。好莱坞成为人们生活的风向标。好莱坞的巨大能量是美国军队所不具备的，也是美国其他企业所不具备的。据资料显示，《星球大战》《侏罗纪公园》《阿甘正传》《泰坦尼克号》等好莱坞大片，更是抢占了全球票房的大部。任何季节，全球正在放映的电影中有85%都来自好莱坞。据统计，在每年美国商品的出口项目当中，视听产品的出口额仅次于航空业和食品业，不仅如此，它们同时还为美国国内提供了1700多万个就业岗位。

美国电影家约翰·福特这样意味深长地说："'好莱坞'这个地方是不能以地理位置来确定的，实际上它无边无际，连我们这些在其中工作的人也搞不清它究竟有多大。"那么好莱坞是靠什么手段走向这样的辉煌呢？靠的是视觉文化产品，特别是电影。电影充当了帮助好莱坞造势的王牌部队。

2010年7月，冯小刚执导的电影《唐山大地震》短期内获得5亿票房，以至于日本首相来华都要首先访问唐山，电影的巨大影响力，再次得到展示。

在发展势力经济的道路上，我们要想造势，也应该从电影入手。电影虽然投资比电视剧大，然而电影产品是超浓缩的，传播时间长、范围广，而且易于翻译，占用观众时间相对短，留下的影响却很长远，令人回味无穷，这是电影的优越性。

2. 电视剧手段——打大仗还要"大兵团"

电视剧是视觉文化产业的生力军和主力军。因为电视剧有着许多电影和动漫所不具备的优越性。

首先，电视剧与电影比起来，具有投资小、见效快、风险小的特点，属于"短、平、快"项目。同以三国故事为例，吴宇森执导电影巨片《赤壁》，拍摄两三年、耗费近7个亿，成为有史以来投资最高的华语影片，虽然冒了很大风险，但是票房十分可观，仅上部上映后很短时间就超过3亿元。

而电视剧则完全不同，与《赤壁》相比，中央电视台1990年拍摄的电视连续剧《三国演义》投资要小得多，它只花了8800万，却因忠于原著、制造精良，引起了巨大轰动。全国大大小小的电视台纷纷播出，《三国演义》真正进入千家万户。首轮播出，就获得3亿多元的收益。而其电视剧的衍生产品VCD也销售火爆。除了这些，《三国演义》还有一个亮点，那就是它的拍摄跨越了影视行业，成为中国视觉产业中的一个奇迹。《三国演义》还为河北涿州和江苏无锡留下了两座影视城，成为突出影视特色的新兴人文景点，至今仍然受到源源不断的投资者青睐，使当地时时处处都能吸金纳银，无锡影视城还成功实现上市，进入资本市场。

其次，电视剧故事量大、出场人物多、播出时间长，而且可以不断地拍摄续集，容易与广告"联姻"，以保证投资者的利润最大化。从收视时间长短来看，电影属于一次性消费，而电视剧则属于反复性消费。电视剧可以吸引观众的目光，让观众欲罢不能，第一集看完了有第二集，第二集看完了有第三集，第三集看完了有第四集……只要你喜欢我的故事，你就得亦步亦趋，一路追下去。电视剧吸引观众注意力的优势比电影强得多，这就为各种各样的广告商大开方便之门。电视剧是得天独厚的优秀广告媒体，吸引着许多投资商的投怀。

再次，电视剧受众面广。由于中国电影的院线基本忽略了占中国人口一大半的县城、乡镇和农村观众，而短期内提高影院和银幕的数量又很不现实，电影基本上成为大中城市观众的奢侈品。而电视剧却能让所有拥有电视机的每一个中国人看到，无论雪域高原的藏族牧民，还是新疆哨卡的边防战士，都可以抱着遥控器津津有味、一路看下去。对于广告商而言，无所不在的电视剧，是无孔不入的广告机会。目前，中国电视机拥有量占世界第一，许多家庭甚至有几台电视，加上手机、网络的普及，电视剧拥有的收视平台比以前更多，电视剧的收看机会更多，赢利机会更是俯拾皆是。

所以说电视剧是打大仗、得大胜的"大兵团"。

3. 动漫手段——"儿童团"不是"小儿科"

如果说电影和电视剧是由真人出演的视觉产品形式的话，那么动漫则纯粹是由人工图像构成的视觉文化产品。电影和电视剧的角色真实，动漫的角色虚拟；电影和电视剧更多适合成人口味，动漫更适合青少年和儿童口味。正因为此，动漫在传播、广告方面的优越性，一点也不比电影和电视剧逊色。这是为什么呢？因为儿童虽然并不自己付钱，但是他们却"掌控"着为之付钱的家长的腰包。犹太人之所以能够成为全世界对赚钱之道参透最深的民族，就是因为他们懂得欲先支配市场，必先支配儿童这一秘密。懂得了这一秘密，注定能在商业上取得成功。因为这个原因，好莱坞出品的《米老鼠》《唐老鸭》《小鹿斑比》《猫和老鼠》《变形金刚》《史努比》《狮子王》《海底总动员》等都成功了……而且结果比当初预想得还要让人惊喜，这些本来是让小孩消遣的动漫产品，如今竟然变成了妇孺皆知、老少咸宜的最佳娱乐方式，因为制作公司激活了每一个观众灵魂深处那个永远长不大的"孩子心理"，抓住了他们的心。动漫是伴随人童年甚至青年时期的"教科书"。

在美国动漫事业生机蓬勃发展的时候，日本也不示弱，《铁臂阿童木》《森林大帝》《花仙子》《聪明的一休》《凯蒂猫》《多啦A梦》《天空之城》……一部部，倾倒观众无数；一集集，获得利润过亿。动漫产业在日本的国内生产总值（GDP）当中已经超过了10多个百分点。这些动漫作品的传播，使日本登上了"动漫王国"的宝座，使日本民族赢得了许多民族的关注，使日本文化获得了许多民族的尊敬。这些年来，日本人之所以能拥有良好的国际形象，与日本的经济发展和科技进步有关，更与日本的动漫产业有着密切的关系。连日本首相麻生太郎，也是一位出名的动漫迷，他为了宣传日本的国家形象，更是搞起了"动漫外交"。正是由于动漫作品在许多国家和地区达到了家喻户晓的地步，日本和日本文化的知名度和美誉度才直线上升。

4. 网络手段——无孔不入的高科技武器

30多年前，美国著名未来学家托夫勒出版了《第三次浪潮》一书，在这本书中，他把人类发展史划分为三次浪潮，第一次浪潮是"农业文明"，第二次浪潮是"工业文明"，第三次浪潮则是"信息社会"。在这本书中，托夫勒提出了"信息爆炸"的说法。当时的中国,刚刚改革开放,人们普遍处于信息饥饿的状态当中,根本无法想象什么是"信息爆炸"。然而如今我们已经步入网络时代,中国更是成为世界第一网民大国。信息是真的爆炸了,然而在信息爆炸中我们需要想一想,我们到底是要充当什么角色?是"施炸"者,还是"挨炸"者?显而易见,我们要当"施炸"者。那么到底如何在爆炸的信息中脱颖而出,制造自己的"炸弹",引起人们的注意?这是许多人都必须面对的一个问题,网络经常比电影、电视和动漫更加不可或缺。这是为什么呢?因为网络是完全多媒体的,如果说电视让人"秀才不出门,而知天下事"的话,网络则能让人"将军不上阵,而打世间仗","老板不上场,而赚世上钱"。网络制造了无数神话,也造就了无数新星,且不说《超级女声》栏目从网络获取了很大利益,就连"芙蓉姐姐""凤姐"也从网络上分了一杯羹。

在这里,想说说"王老吉"(后改名为"加多宝","王老吉"商标被广药收回)。2008年5月12日,四川汶川发生强烈地震,一方受灾,八方支援。5月18日晚,由多个部委和央视联合举办的赈灾募捐晚会上,"王老吉"的制造商加多宝集团代表手持一张硕大的红色支票,以1亿元的捐款成为国内单笔最高捐款企业。很快,他们的善举成为人们关注的焦点。这一事件很快引起网络热议,一个名为《封杀王老吉》的帖子广泛流传:"王老吉,你够狠!捐一个亿,胆敢是王石的200倍!为了整治这个嚣张的企业,决心要买光超市的王老吉!上一罐买一罐!不买的就不要顶这个帖子啦!"百度搜索趋势显示,在5月18日之后"王老吉"的搜索量直线上升,而《封杀王老吉》的流量曲线与"王老吉"几乎相当。短短3个小时内百度贴吧关于"王老吉"的发帖超过14万条。"王老吉"几乎一夜间红遍大江南北，许多人把日常饮料从可乐改成"王老吉"，还有人甚至在MSN（门户网站）的签名档上纷纷号召大家喝罐装"王老吉"。通过网络宣传，"王老吉"迅速"病毒式"传播，2008年销量突破100亿元大关，比2007年净增30亿。虽然历史是合力的结果，"王老吉"的成功，有天时、地利、人和等诸多方面的因素，其中这1亿元制造的轰动效应不可低估，但是网络营销对其传播的影响功不可没。

与其他传统媒体相比，网络媒体还有一个巨大的优势就是它的亲和力。创办一家媒体，你需要巨大的资金；可是创办一家网络媒体（论坛、博客、网店等），你只需要很小的资金，甚至完全不需要资金。然而麻雀虽小，五脏俱全，拥有一个论坛、博客、网店，人人都可能会一举成名天下知。如今，许多的个人博客点击上亿，有些还堂而皇之地向企业收取了不菲的广告费；而淘宝网上，更多网络个体户年销售额达到百万甚至千万，让传统企业望尘莫及。

网络，正在影响着我们的生活；网络，正在影响着我们的经济。

综上所述，以电影、电视剧、动漫和网络等视觉文化手段完成造势使命，是我们的最佳选择。

5. 传播效果的最大化——"全面战争"与"全线打击"

凡事都应追求卓越和完美，用电影、电视剧和动漫来达到自己的宣传目的，也应力求达到传播效果的最大化，而这一方面需要追求艺术品质，另一方面则需要规模与重复。

（1）艺术品质——势力经济的"军火库"

可能会有人发出这样的疑问，你不是说电影、电视剧和动漫都是产品吗，为什么要提出艺术标准呢？其实，文化产品尤其是视觉文化产品，都具有产品和艺术品的双重属性。艺术性越高，产品价值越高，传播效果越好。那种仅把视觉文化产品当成单纯的艺术品，或者单纯的商品的观念，都是错误的，带着那样的观念，注定无法做出既有良好艺术品位又有良好市场效应的产品。看看那些既能畅销又能长销的视觉文化产品，哪个不是靠传神的细节、丰满的人物、紧张的情节、精彩的场面和深邃的情感打动人、征服人，并且在市场上长销不衰的？艺术性和商业性，二者不可偏废。遗憾的是，许多人思想上转不过弯，各执一端，不是片面追求艺术性，就是片面追求商业性，到最后两败俱伤，既失去了艺术性，又失去了商业性。在这方面，好莱坞做得就非常优秀，他们在产品推出之前，总是千锤百炼、精益求精，与中国当代业内的偷工减料、粗制滥造相比，好莱坞的电影剧本字数要多得多，每一分钟的镜头就写一页，充分把人物心理、历史和人物关系挖掘透。好莱坞剧作家在每一部电影中倾注的心血，不下于一部近30万字的长篇小说。不论早期的《一夜风流》《公民凯恩》，还是后来的《泰坦尼克号》《角斗士》，全都匠心独具，即使是次要人物，也刻画得活灵活现，栩栩如生。随着网络时代的到来，人们生活节奏加快，为了充分抓住观众，好莱坞对已经非常成熟的剧本模式进行革新，在剧情节奏上也更加细化、量化。譬如他们建立了一套"兴奋点"模式，平均每三分钟就出现一个兴奋点，把最能引起观众兴趣、最能调节观众胃口、最能刺激观众神经、最能引起观众笑声、最能带动观众感情的桥段进行分类，并且不露痕迹地融入作品中，完全把观众掌握在自己的手中。掌握了观众，就是掌握了一个巨大的广告传媒，掌握了一条宽阔的财富之路。

当然，这一切都是需要资金支持的，没有雄厚的资金，只能是心有余而力不足。

(2) 规模——势力经济的"补给车"

人类天生就有一种爱多厌少、爱大厌小的心理，正是因为这种心理，我们在现实生活和经济生活中都需要追求规模，没有规模，能大成的事情也只能小成，甚至完全不成。比如，你是一个大老板，你向人借1万元钱，可能根本没人理你；然而你要是借1000万元、1亿元、10亿元，那么借到的概率会大大提高，因为你虽然还是在借钱，但是借的钱上规模了，能以千万和亿的计量单位开口的人，考虑问题也必然会以千万和亿为计量单位，而不小肚鸡肠、斤斤计较，你也会更加容易成功。《易经》上有句名言："取法乎上，仅得其中；取法乎中，仅得其下"，说的就是这个道理。再举个例子，一条街上只有一家饭馆，那这一家饭馆能挣钱；一条街上有10家饭馆，这10家饭馆都得赔钱；一条街上有100家饭馆，那么这100家饭馆都会赚大钱。因为他们把规模做起来了。北京东直门一带的簋街就是一个例子，在这条全长1442米的东内大街上，共有各种商业店铺150多家，其中餐饮服务业148家，约占东内大街全部店铺的90%以上。饭馆密度如此之大，无人能出其右。浙江义乌20年前，还是一个仅有2万人的小县城，可是如今，义乌已经拥有人口200万，增长了整整100倍！200万人中，多数是外地人、外国人。据统计，义乌有外商常驻机构达2553家。人们从天南地北来到义乌，不是为了经商，就是为了旅游，义乌也因此被联合国、世界银行等国际权威机构确定为世界第一大市场。目前义乌已经成为全国人均私家车最多的城市。义乌的金融也十分发达。2009年末，义乌存款余额达1254亿元，与宁夏、青海这样的省份相当。义乌能取得这样的奇迹，也是靠规模说话。全国很多地方都有小商品交易市场，但只有义乌把它做大了，如果没有规模，谁会知道义乌？谁又愿意来到义乌？

（3）重复、重复、再重复——势力经济的"生命线"

德国有一位心理学家名叫艾宾浩斯，他在1885年发表了自己的记忆遗忘实验报告。经过长期大量研究，艾宾浩斯发现，按记忆保留时间长短，人类的记忆可以分为短时记忆和长时记忆两种。信息进入人脑之后，便成为短时记忆，顾名思义，短时记忆是暂时性的记忆，很快就会遗忘；只有经过不断重复，信息才能在大脑中保持很长时间，成为长时记忆。现今这一遗忘曲线广泛应用于社会生活的各个领域，其中广告人对它理解最为深刻、运用最为纯熟。

作为一种特殊、高级的广告形式，电影、电视剧和动漫为主要代表的视觉文化产品更应是研究和运用记忆规律的集大成。正因为此，视觉文化产品往往都依靠重复制造影响。《007》谍战电影拍了多部，斯皮尔伯格的《夺宝奇兵》拍了多部，《蜘蛛侠》《蝙蝠侠》《钢铁侠》《木乃伊》也都拍了续集，而近年来热播的电视剧《越狱》《迷失》也都不断推出新的剧情。这些制片商谋先行后，使自己的作品在拍摄之初就具有一种可持续发展的主动权，以免能量白白耗费。这些手段，使他们的作品形成了规模，形成了品牌，一旦形成品牌，造成视觉上狂轰滥炸的效果，人们想忘记它也已经不再可能。不像国内产品，今天张三，明天李四，后天王五，大后天王八，让人眼花缭乱，根本无法记住你是谁，更别谈品牌了。因为他们大多根本不懂得广告心理学，不懂得规模与重复的原理，更未尝过规模与重复的甜头。他们制造的产品再好，也只能在观众心中形成短时记忆，而不能形成长时记忆。

要想形成长期记忆，必须先占据量的优势，重复再重复，传播再传播，不断的重复，不断的传播，只有这样才能使信息得到强化，直至完全成为观众精神的一部分，把我们的思想变成他的思想，把我们的感情变成他的感情。俗话说，谎言重复1000遍就会成为真理，那么真理重复1000遍更是真理，而且是加倍的真理！因为这个原因，好莱坞许多电影都是拍不完的，以《007》系列为例，自第一部《007》电影于1962年10月5日公映后，《007》电影系列风靡全球，到今天历经将近50年长盛不衰。片中主人公詹姆斯·邦德也因此定格在世界影迷的记忆深处，而且永远不会老去。007不仅成为一个英雄形象，而且形成一个巨大的产业链，007手表、007汽车、007游戏……让投资人赚得乐此不疲。《007》系列成功的秘诀是什么？是重复！是重复、重复、再重复！从重复中起家，在重复中崛起，在重复中循环，在循环中更发展！

可是反观中国大陆电影，实在让人悲哀！按说，中国大陆应该是电影人的天堂，因为中国拥有最丰富的文化资源，最廉价的制作人才，拥有世界上最庞大的观众群，最强的购买力，然而中国电影的票房却一直徘徊不前。近年来，中国人的观影热情更加高涨，电影票房直线上升。可惜的是，这上升的票房与中国电影关系不大。2010年上半年，中国大陆电影总票房超过48亿元人民币，但创下这一佳绩的主要是外国电影，尤其是好莱坞电影。2010年春天，卡梅隆的《阿凡达》迅速获得13.5亿元的票房，刷新了当时中国电影单片的最好成绩，令国产电影无地自容！中国电影票房出现这种一边倒的局面，原因虽然是多方面的，但投资分散、平均用力是其中一大主因。表面上看，当时中国也一年拍出了400多部电影，值得夸口。然而这些电影多是小成本、小制作，绝大多数刚刚杀青就束之高阁，根本无法得见天日，更谈不上赚钱。不能赚钱，当然也不可能拥有重复拍摄续集的机会，也就根本无法像《007》系列那样形成产业链，无法形成势力，无法产生巨大的影响力、吸引力和生产力。

五、造势（中）
——一切战争首先是心理战

有人说文学是人学，其实经济学也是人学。我们研究经济，研究影响力，研究吸引力，研究生产力，归根结底是研究人，把人研究透了，也就把经济研究透了。而人之所以称为万物灵长，超越任何动物，管理整个世界，是因为人有心理。人的心理，有其内在规律。掌握自然规律可以造福于人，掌握心理规律也可以造福于人、造富于人。事实证明，人的每一种心理都可以衍生出多种商机、多个产业、多种产品。通过心理规律，商家可以调动人心、控制人心，通过对人心的调动和控制，达到调动、操控人流的目的。

而这仅仅依靠影响力是不够的，影响力是一个先决条件，只有影响力而无吸引力，也不能给公众一种良好的印象，并使公众一见倾心的。例如，艾滋病有影响力，可是人人望而生畏；黑社会有影响力，然而人人避之唯恐不及，一谈起来都恨得咬牙切齿。影响力不是让你变成洪水猛兽、过街老鼠，而是要让你变得人见人爱。这就需要思考变影响力为吸引力的问题了，只有把影响力变成吸引力，才能把吸引力变成生产力。

那么，应该从人类的哪些心理着手，才能使自己的吸引力最大化呢？

1. 求富心理——势力经济的"金箍棒"

在大自然中所有的造物里，只有人具有经济属性，而其他动物是没有经济属性的，哪怕多么具有智慧的动物都没有经济属性。而经济属性的主要表现就是人普遍喜欢追求财富。所谓"天下熙熙，皆为利来；天下攘攘，皆为利往"，人类追求财富的欲望，远比动物大得多，难以满足得多。动物多以当时的满足为满足，而人却不以当时的满足为满足。人会储蓄，为几年、几十年、一生甚至几代人而储蓄。动物基本上只能辨认食物和非食物，而人却会把物质进行各种各样的细分。更重要的是，人在不同物质之间进行兑换，并创造出了最通用的一般等价物——货币，也就是钱。钱一出现，整个世界都为之改观。

为了钱，人们可以流大汗，出大力，吃大苦，受大罪，冒大风险，付大代价。而这种求富心理，又为无数的人提供了成功机会。因为在追求财富的路上，聚集着最多的人流、最旺盛的激情。许多商家都采用有奖销售吸引顾客，形形色色的彩票销售点总是人满为患，而各个大学的经济专业都人头攒动，人们渴望通过用教育的方式探索致富的秘密……

1980年，英国人迪特·威廉姆斯写了一本名为《化装舞会》的书。为了提高销量，他特意在书中设计了一条谜语，让读者根据书中的文字和图画猜一件宝物的埋藏地点，并在媒体上宣布，这件宝物是一只纯金制作的兔子。《化装舞会》一经问世，迅速刮起了一阵旋风，数以万计的读者闻风而动，四处寻宝，他们按照自己对书的理解，走遍英国各地四处寻宝，历时两年之久。最后，这只金兔子被一位年近半百的工程师发现，这场声势浩大的寻宝活动才告结束。此时，《化装舞会》已经热销300万册。

4年后，威廉姆斯故伎重演，又创作了一本30页的小册子，内容是描述一位养蜂者的故事和一年的四季变化，并附有16幅彩色插图。书中的文字和画面隐含着一个深奥的谜语，而谜底就是该书的名字。猜中该书书名的读者，可以得到一个镶着各色宝石的金蜂王饰物。这本无名之书在7个国家同时发行后，引起更大轰动。不到一年时间，这本小册子总发行量超过了2000万册。古人说"重赏之下，必有勇夫"，这本书就是把握住了人的求富心理，虽然这句格言经常被用在治军方面，但是也完全适用于经济领域。

人的求富心理，也为视觉文化产业提供了表达机会。近年来，一些商业题材的电视剧收视率不俗，这便是一个明证。为什么呢？因为在欣赏这些商战戏的时候，观众们不仅能了解剧中人的命运，把握剧中人的情感，还能学习剧中人的商战智慧。可以这样说，商业题材的影视剧往往被人们当成致富的教科书。

人的求富心理，不仅应该得到尊重，还应该得到支持，尤其是来自政府的支持和表彰。改革开放之初，总设计师邓小平提出的"让一部分人先富起来"，就表达了这样的诉求，这是深得民心的。可惜由于国人长期以来形成的仇富心理，政府在对鼓励人致富方面力度不够，甚至摇摆不定。而民间甚至学术界，仇富心理十分严重，这使许多富人伤透了心，近年来甚至出现精英外逃的现象。精英为什么外逃？因为他们觉得在国内缺少安全感。这种现象应该得到改变，包括文化产业在内，一切产业都要做大，政府也应该大力宣传、推广和表彰，用实际行动告诉人们，我们的国家是鼓励致富的，投身于经济建设中不仅可以致富，而且可以免于恐惧。

2. 虚荣心理——势力经济的"杀手锏"

　　动物都是务实的,是不折不扣的"现实主义者"。只有人类有精神世界,有务虚的一面,其中一个突出表现就是人普遍都有虚荣心。世界上没有毫无虚荣心的人,如果谁说自己没有虚荣心,那么他一定是喜欢"没有虚荣心"这顶帽子,但实际上却是最虚荣的人。

　　人的虚荣心无所不在,譬如买汽车,几千块钱可以买一辆,几千万也买一辆,同样是车,价格竟然相差上万倍。诚然,一分钱一分货,难道质量差距真有上万倍吗?肯定不是!可为什么人们那样看重车的品位、档次,尤其是名气呢?就是因为人都有虚荣心。人们喜欢凯迪拉克,因为那是美国总统专用车;人们看重劳斯莱斯,因为那是各国王族才能拥有的座驾。人们宁愿花十倍的价钱去大餐厅吃饭,并不仅仅是因为那里的质量、环境、卫生、服务好,更重要的是,在那里吃饭能显出人的品位和档次。人们宁愿花十倍的价钱去穿名牌,并不仅仅是因为名牌的质量精良、做工考究,更重要的是,穿名牌能显出人的品位和档次。

　　可以说,天地万物中,只有人类才有这样的心理。人的虚荣心为各行各业、各路商家提供了大量赢利的机会。时尚是怎样出现的?就是从人的虚荣心生发出来的;人的虚荣心是谁调动的?就是精明的商家调动的。

　　学习过营销的人肯定都听说过这样一个故事:商店里有一款价值100元的衣服,好久都卖不出去。经理去问营销专家,营销专家说,你只要在价格后面加一个"0"就卖出去了。经理真的这样做了,那件衣服的售价一下子变为1000元。然而顾客并没有被高价吓跑,反而把衣服买走了。为什么呢?因为营销专家抓住了顾客的虚荣心理，在许多顾客心目中，便宜的商品没有档次，只有昂贵的商品才有档次，就像电影《大腕》上英达扮演的那位房地产开发商所总结的："不求最好，但求最贵。"虚荣心虽然是一种非理性的表现，然而非理性常常战胜理性。虽然人们经常呼吁理性消费，然而理性消费的时代却姗姗来迟，也许可能会像法国荒诞派戏剧《等待戈多》中的那位戈多一样，永远不会来，因为消费本来就是一种非理性行为。你无法画出红的绿色，无法画出圆的方形，当然也无法看到理性的非理性。

时装业每个月甚至每周就会有一个潮流，那都是偶然发生的吗？不，这一切的背后都有一个巨大的产业链；健身潮、瘦身热、美容热、旅游热、营养热都是自发性事件吗？不，那些都是必然事件，而且都是人为事件。在这些事件的背后，是一群精通心理学的精明商家在推动。他们是洞悉人心的高人，调动人流的妙手，因为他们懂得制造概念，并把概念制造成时尚。当他们雇用俊男美女，运用铺天盖地的电视广告手段推广他们的时尚概念时，观众不知不觉就像被催眠了一样，不能自拔。所有人看到后都会被吸引，情不自禁，不惜代价也要追上新时尚，掌握新概念，否则，就会被人视为落伍。于是商家的目的达到了，钞票从客户的口袋迁移到了商家的口袋里。

美国好莱坞每年都会推出一系列电影大片，在世界各地放映，播出之前，制片商就采取强大的宣传攻势，制造各种各样的热点，又是炒作导演的家庭，又是炒作演员的绯闻，无所不用其极。以至于电影尚未播出，全世界的观众们就开始翘首期盼。及至播出之时，到处人潮涌动。即使在播出多年之后，人们关于影片的谈论还不能平息。为什么会产生这种现象呢？就是因为观看好莱坞大片，早已成为全世界的时尚。许多人未必喜欢那部电影，但是生怕被人当成落伍者，也会买票观看，并且热情参与到关于这部电影的讨论中，而这种讨论又在无形中为电影做了广告。中国有一句成语叫"一人得道，鸡犬升天"。在5000年的历史长河中，"得道"的政治家、军事家、文学家、艺术家……甚多，如果把他们的故事搬上银幕，他们的故乡、他们的后代的虚荣心都会大大得到满足，为他们自豪，会自动自发地为这些作品进行宣传，其口碑效应形成的势力将是不可估量的。

3. 好奇心理——势力经济的"天罗网"

人都有好奇心，巧妙运用人的好奇心，也可以大赚特赚。前文所说的畅销书《化装舞会》除了运用人的求富心理之外，还运用了人的好奇心理。其实，千百年来，针对人的好奇心理赚钱，一直是商家赚钱的一个秘密。其中最为典型的一个行业就是故事行业，故事行业在古代以史诗、戏剧为主要生存方式，后来又产生了小说。

无论史诗、戏剧还是小说，都有一个诀窍，那就是在关键时刻敲一下醒堂木："欲知后事如何，且听下回分解。"到了这一时刻，悬念已经制造出来，听众、观众欲罢不能，只好再掏腰包来满足自己的好奇心。正是由于人们的好奇心，产生了荷马的史诗，产生了莎士比亚的戏剧，产生了中国的元曲、明清小说。19世纪末，电影正式诞生，它迅速与故事联姻，很快成为主流产业。随着好莱坞的崛起，原来只能通过戏剧和小说才能满足的好奇心，开始拥有了新的满足方式：电影和电视剧。如今，随着手机技术的不断突破，人们可以在车上、墙上甚至卫生间都可欣赏精彩影视，视觉文化产业无所不在，故事一直在上演。而依托故事为生的各路商家们、投资家们也心满意足地数着自己赚来的钞票。

4. 从众心理——势力经济的"八阵图"

人天生就具有一种群体性，这种群体性有各种各样的表现，其中最常见的就是从众心理。如果你仔细观察公众场合，你会发现，假如有一个人咳嗽，马上会有好几个人嗓子痒痒，忍不住咳嗽，而在第一个人咳嗽之前，他们什么事都没有。这就是从众心理的一种表现，一个人的行为在不知不觉间影响了一群人。

对人的从众心理运用得当，可以创造巨大的商机。许多人都掌握了这一点，并运用得出神入化。许多乞丐面前的碗里不会一分钱也没有，而是会有一点钱，既有一角、两角和五角的小面额，也会有一元、两元这样相对较大的面额。这是一种巧合吗？不是，这是刻意安排的，甚至可以说就是一种"营销手段"。因为乞丐深深明白，人们会看碗里钱的面额而决定是不是施舍，具体施舍多少。如果碗里没有钱，后面的人也不会给钱；如果碗里的钱面额较小，那么人们会以为前面的人给得少，自己也会给一个较小的面额；如果碗里的钱面额特别大，人们则会以为这是弄虚作假，拒绝施舍。只有在碗里既放上一角、两角和五角的小面额钞票，又放上一元、两元这样相对面额较大的钞票，才会制造一种真实感，才能引导人们也给出这么多的钱。

乞丐的乞讨虽然牵扯到好几种营销技巧，但最大的一种技巧却是他们掌握了人的从众心理。从众心理使更多的人心甘情愿慷慨解囊。因为谁也不愿意被孤立，谁也不愿意被冷落，谁也不愿意"自绝于公众"，被排除在一个圈子之外。只有融入一个或多个群体，人才有安全感。如果仔细观察，你会发现，那些生意冷清的商店会较长时间冷清下去，那些生意热闹的铺面会较长时间门庭若市。人喊客，客不来；客喊客，客自来。为什么？因为这样可以使客户不觉得孤独，而是置身于一个温暖、安全的群体之中。

基于对这一心理的研究，商家们发现，最好的推销员不是商家，而是客户。只要你能使一批客户满意，那么这批客户就会成为你的义务推销员，向周围的所有人宣传，使你的产品与服务深入人心。那些听到宣传的人们，又会一传十、十传百地追随而至。客户一扎堆，良好的口碑效应就建立起来了。这是最好的广告、最好的营销。

近些年来，商家变得越来越精明，他们发现，仅仅在电视、广播和报刊上做广告还不够，还应该做一些软性广告。随着脑白金广告的成功，一种被称为商业软文的东西流行起来。什么是商业软文？就是以顾客名义写的一些用于诱导顾客、说服顾客，以达到推销目的的小文章。商业软文大都用朴实亲切的口吻说，自己是一个普通老百姓，多年来一直为某种疾病或麻烦头痛不已，一个偶然的机会，用了什么什么产品，没想到从此以后生活开始发生了改变，多年的病根除掉了，多年的麻烦消失了，某产品给他们带来了福音……有的软文写得更加隐晦、更加高明，让你根本闻不出广告气味。在这样的文章中，巧舌如簧的商家隐退了，装模作样的专家不见了，取而代之的是普通老百姓，一切从老百姓的角度出发，从老百姓的口味入手，说得有鼻子有眼，不知不觉中，其他人就产生了跃跃欲试的心理。

商业软文所运用和调动的，正是人的从众心理。巧妙运用和调动人的从众心理，可以带来人流、稳定人流、扩大人流。

而人流，则会带来物流，带来现金流。再比如在某些地摊推销的现场，只要留心观察，还会发现有似乎与推销商很陌生的消费者在诉说自已使用该产品的优质和收益，甚至还装腔作势地讨价还价欲将购买。其实，这就是推销商特意雇来做广告宣传的人，用他们的言行来蛊惑人心。利用人的从众心理，可以推销任何商品，小到萝卜、白菜，大到房子、汽车，都遵循这个原则。那些文化产品也不例外，无论万人空巷的美国大片，还是家喻户晓的流行电视剧，都巧妙地运用了这一原则，制造热点，制造流行。利用从众心理，是发展势力经济不可或缺的一环，是势力经济的"八阵图"。

5. 爱美心理——势力经济的"断魂枪"

在自然中，有各种各样的美，日月星辰、山川草木、花鸟鱼虫，都有其美丽之处。然而其他的一切都是被审美的对象，只有人是审美的主体。优美的风光、美妙的音乐、精美的画面、美好的情感、俊美的面孔、华美的衣服……都可以唤起我们心灵深处那种强烈的审美情感，让我们心旷神怡，被吸引、被陶醉。所谓爱美之心，人皆有之。人们甚至专门为美创造了一门学问——美学。

人类根深蒂固的爱美心理，不仅美化了人们的生活，改善了人们的心情，也为广大商家提供了巨大的商机。我们的生活中，有多少产业都是为美丽而诞生，为美丽而生存，为美丽而发展，为美丽而兴旺？服装业、化妆品业、美容业、美发业、旅游业等都属于美的行业。

当然，这仅仅是外在美的行业，其实影响更加广泛、市场更加巨大的是视觉文化产业。可以说，视觉文化产业正是利用人的眼睛对美感的需求而产生的，是真正为美而诞生、而生存、而发展、而兴旺的。众所周知，在视觉文化产业中，最具票房号召力的是那些男女明星。而在所有的明星中，让人眼睛一亮的俊男美女占了一大半以上，无论是美国的好莱坞，还是印度的宝莱坞，无论是日本、韩国，还是中国，都拥有一大批能改善观众视觉感受的靓丽明星。虽然在演技方面，他们也许会略逊一筹，但是观众们对他们似乎总是大开绿灯，只要他们一有新作品出台，观众们总是迫不及待地追捧，没有谁去和他们的演技较真。因为对于这些明星而言，他们身上的美，已经足够让观众满意、商家赚钱了。

当然，要想使作品的影响力更加强大，吸引力更加强大，生命力更加长久，还需要美的外表加上美的内涵，因为影视、动漫这些视觉文化产品是美的集大成者，是真正以十全十美为自己追求的行业，美的人物、美的故事、美的主题、美的结构、美的对白、美的想象、美的音乐、美的风光、美的细节……在一部好的作品中，甚至一个道具、一个发型、一个表情都是那样精雕细刻，美仑美奂，让人过目难忘。如果说现实中其他的行业只是从一个角度出发，唤起人的美感的话，那么视觉文化产业则是多管齐下、齐头并进，使观众全身心都得到美的享受。观众对美的需求和商家对收视率的需求成正比例关系，你使观众获得的满足感越强，观众也会让你得到越大的满足。

6. 崇拜心理——势力经济的"连环马"

伟大的革命先驱孙中山先生把人分为三类，第一种是先知先觉者，第二种是后知后觉者，第三种是不知不觉者。社会的发展总是遵循这一规律，先知先觉者影响后知后觉者，后知后觉者影响不知不觉者。如今，中国的社会虽然已经和孙中山时代大为不同，然而人性却并没有什么改变。人仍然可以分为先知先觉者、后知后觉者和不知不觉者三类。而其中最有影响力和吸引力的，无疑是那些先知先觉者。

我们都知道，无论中国还是美国、日本、韩国，那些投资较大的影视作品往往都有一个特点，多数启用一线明星。为什么？因为一线明星是票房的保障。制片人付给这些明星的报酬也是天文数字，有时会占到全部投资的一半甚至更多。而那些小成本的影视作品，由于多数用非明星演员，演员所得报酬与此相比，简直不可同日而语。同样是影视作品、同样是演员，为什么报酬的差距会这么大？其实原因很简单，因为电影电视剧都是一种工业产品，需要市场，而那些当红的一线明星知名度高，在观众中崇拜者多，支持率高，身价自然高于别人；而那些非明星演员知名度小，有些甚至完全名不见经传，在观众中没有什么崇拜者，支持率极低，身价自然提不上来，哪怕他们的长相比那些一线明星美，演技比那些明星好，也只好作罢。

这一现象，表面看来是一种商业规律，其实是一种心理规律，一句话，都是崇拜心理惹的祸。蜂有蜂王，猴有猴王。现在是民主时代，多数国家已经废除了王位，然而王位观念并没有真正地废除，而是转换了一种方式，分解到了许多人身上了。这些人成为大大小小的权威，这就是当代的"王"们。就像孩子们服从老师一样，成人也会服从权威。人与生俱来的那种崇拜权威、服从权威的本能，很难改变。在繁复庞杂的问题面前，他们不喜欢用自己的头脑去思考、鉴定、甄别，而是喜欢把自主权让渡给那些高于自己的人，心甘情愿让他们代替自己去思考、鉴定、甄别，这样可以换得某种轻松，可以逃避那种无法承担的沉重责任。人的这种崇拜心理，常常被应用于商业活动中。

为什么电视广告上经常会有人穿着白大褂推荐某种药品，因为人们迷信医生，似乎医生说的一切都是金科玉律。正因为此，一些商家就做出这样的广告来，不管产品质量究竟如何、专家身份真实与否，但用这种手段做广告的宣传效果是良好的，否则那些企业就赔惨了。同样，许多年轻作家出书，都喜欢找著名作家写序，似乎有了名家序言，书的价值也就提高了，其实这是狐假虎威。

有一个笑话，某国有位出版商想出一本书，找总统说几句话，总统害怕纠缠，就应付差事地说这书挺好的。出版商就宣传说，这本书总统都说好。总统发现自己上了当，决定不再替出版商做广告。等出版商要出另一本书又来找他时，总统干脆说这本书不好。出版商又宣传，总统说这本书很差。结果书又卖火了。总统发现自己又上了当，就决定一言不发。第三次出版商又来了，总统索性一句话也不说。出版商回去又大肆宣传，这本书连总统都无法下结论。结果书仍然卖得很好。

虽然是个笑话，但是说明一个道理，人都有一种迷信权威的心理。巧妙借用这种心理，可以达到商家的目的。由于权威人士都拥有自身的影响力和吸引力，当我们把他们整合成为我们的资源时，其影响力和吸引力自然而然会成为我们的影响力、我们的吸引力。

崇拜心理可以应用于各个行业、各个领域，其中在视觉文化产业领域应用最多、最广泛。譬如城市题材的影视剧就比农村题材吃香，领袖人物就是比普通人物抢眼，大公司的产品就是比小公司的产品走红，名导演的作品就是比无名导演的作品热卖，红影星的作品就是比无名者的作品收视率高，成功者就是比失败者容易吸引观众……作为视觉文化从业者，认真研究人的崇拜心理，可以有效地规避风险，提高利润，让自己的产品立于不败之地，从而搭建势力经济优质平台，修一条势力经济的"高速公路"。

7. 偷懒心理——势力经济的"核潜艇"

有位哲人说过，懒汉推动了社会的进步，因为人类的文明尤其是科技文明，常常是懒人发明出来，用以达到"偷懒"的目的。人发明了刀，是因为不想用手撕扯；人发明了车，是因为不想用脚走路；人发明了计算机，是因为不想用笔进行复杂的计算，尤其是遥控器，更是连机器旁边都懒得去的人发明的。所以，人所做的是世界上最懒的生命体，人所做的最勤奋的一件事，就是不遗余力地寻找偷懒的办法。

在电影出现以前，人们看戏，都是演一场看一场，不演就看不到；要想看第二遍，还得等戏班子再演一次。然而电影出现了，演一场就可以长期地看下去，演员和观众都可以偷懒了。在电影产生之初，人们只有走出家门，坐到电影院里，才能欣赏，按道理说，这已经比过去看戏方便多了。然而懒人们又觉得不满意了，因为这还是不够方便。假如能发明一种机器，让人们足不出户而放眼天下，那该是何等美事？于是电视机应运而生了。电视机可以让戏院进入千家万户，让人真正做到"秀才不出门，而知天下事"。电视使视觉文化产业进入一个崭新的时代。在电视机产生之前，人们可以消遣娱乐的作品数量还十分有限，然而自从电视机问世以后，琳琅满目的视觉文化产品开始大量出现，尤其是一种新兴的、有别于电影的作品——电视剧迅速崛起。由于电视剧拍摄成本低，故事可以一环接一环地发展下去，它对传统意义上的电影发起了挑战，逼得电影不断在技术上和艺术上革新。

电视剧挑战电影，它所占的最大优势是它能迎合观众的偷懒心理，电视剧给那些希望经常欣赏精彩影视，却又懒得出门的人们提供了极大的方便。

　　电视虽然方便，但它还算不上登峰造极，它仍然不能满足懒人们的更高需求。譬如人很难在车上或卫生间欣赏那些影视，要想突破这一瓶颈，必须寻找一种更轻便的替代品。于是缩小电视机的体积、提高它的功能，成为人们绞尽脑汁要解决的问题。近年来，手机技术突飞猛进，这一问题终于获得了解决，如今人们不必像过去那样坐在客厅里，就可以自由看电视，因为现在的主流手机都具有电视功能，手机可以让人随时随地欣赏到最新大片和经典名片，可以在车上看，可以在厕中看，可以在床上看。真是只要一机握在手，啥样剧情全都有。没有一个时代的懒人能像现在的懒人这样幸福，这样自得其乐！

　　当然，天下没有免费的午餐，为了享受这些便利，懒人们需要付出一些代价，他们得花时间，把眼球定睛在那些影视产品上面，并接受各式各样的植入广告和贴片广告……只要他们做到这些，商家的目的就达到了。

8. 同情心理——势力经济的"催泪弹"

　　古人说："恻隐之心，人皆有之。"

　　所谓"恻隐之心"，说的就是人的同情心理。人心都是肉长的，由于同情心理在人身上普遍存在，我们很容易怜悯弱者，对其悲惨命运、不幸遭遇，我们轻而易举地就会流下一行清泪。在同情别人的同时，我们可以获得两种体验：第一种是毕竟这样的不幸没有发生在我身上；第二种是因为我对他的同情，可以证明我还是一个高尚的人，而不是一个冷血动物。这两种体验，使我们经常同情他人，不管是现实中的人物，还是艺术作品中虚拟的人物，甚至对小动物，我们的同情心也很慷慨。

表面看来，同情心理是一种纯粹的、道德化的情感，似乎与经济风马牛不相及，然而这是一种天真的看法。在聪明的商家看来，同情心理也是一种资源、一种商机。对人的同情心理加以巧妙运用，也可以产生巨大的经济效益。许多企业在做商品广告的时候，不仅让那些大牌明星代言，也常常要走公益路线，让那些弱势群体譬如失学儿童为其产品代言，并把其销售额的一部分用于公益事业。这些企业为什么会这样做呢？就是为了充分调动人的同情心理，激发人的同情心理，使自己的广告诉求与公众的同情心理对接，产生共鸣效应，同时巧妙提高商品的销量。

同情心理可以应用于各种行业，在视觉文化产业中更是经常运用。我们知道，戏剧可以分为悲剧、喜剧和正剧三大类。为什么悲剧会成为极其重要的一个行业？因为悲剧人物的坎坷经历和悲惨命运，能激发观众的无限同情心。出于对剧中人命运的关心和同情，他们会废寝忘食一口气把整个一部剧看了下去。由于这个缘故，张艺谋导演的电影《活着》中那个多灾多难的农民福贵征服了众多国际大奖评委，电视剧《渴望》中那个忍辱负重的贤妻刘惠芳打动了亿万中国观众，特别是朝鲜电影《卖花姑娘》，曾使多少人潸然泪下。

在现实生活中，我们人人都想成为强者；然而在欣赏艺术的时候，我们却喜欢关注弱者。只要对铺天盖地的影视作品稍加考察，我们就不难发现，许多作品的主人公都是女性、孩子甚至是动物。这是为什么呢？因为与强大的成人社会、男性社会相比，女性、孩子和动物是弱者，最值得同情，也最需要同情，当然也最能获得和激发观众的同情心。而抓住了观众的同情心，调动了观众的同情心，就可以吸引观众一直追着看了下去。他们不仅自己看，还会与街坊邻居、亲朋好友一起来讨论，来猜测这些剧中人的命运。在这个过程中，各路商家的商品销量会不知不觉增长。可以这样说，在精明的商家看来，观众的每一滴眼泪，都是一颗价值不菲的珍珠。在这方面，台湾女作家琼瑶和她的丈夫平鑫涛堪称高手中的高手，他们善于把作品中的人物特别是女主人公描写得楚楚可怜、惹人心疼。他们几十年如一日地经营，不仅琼瑶的小说大卖特卖，根据琼瑶作品改编的电影、电视剧更是风靡华语荧屏，培养了几代明星大腕，带活了多少企业。琼瑶是煽情高手，而调动人的同情心，更是她的拿手好戏。

  影视作品中需要运用同情心理，现实生活中也需要运用同情心理，甚至政治生活中也需要同情心理。俗话说，"刘备的江山是哭来的"，事实如何，我们却不得而知。但是至少从心理学层面来看，这是可能的。因为人普遍具有同情心理，而哭是唤起人们同情心理的主要手段。在《三国演义》中，刘备兵力薄弱，十分不得志，不是依附曹操，就是依附吕布，不是依附刘表，就是依附孙权，被打得七零八落，狼狈不堪。艰难的环境使他多愁善感，并将之进行戏剧化的运用。只要遇到不能解决的事情，马上痛哭流涕。虽说"男儿有泪不轻弹"，但是大丈夫的哭却也有着独特的杀伤力，让人顿生恻隐之心。刘备恰是此中高手，由于善于哭的技巧，他拴住了徐庶，感化了孙权，感动了诸葛亮，让他们鞠躬尽瘁、死而后已。人民不需要强者，人民不需要权威，要想得到人心，就应该降低自己的姿态，博取人们的怜悯，使人们的同情找到用武之地。这种以柔克刚、以柔驭刚、将同情心转换为势力的战略，值得那些拥有大大小小权力的人们认真地思考和学习。

9. 英雄心理——势力经济的"高射炮"

现实生活中，我们每一个人都是十分平凡的，甚至是非常平庸的。也许正是因为生活过于平凡和平庸，我们每一个人都渴望从大地升上天空，成为顶天立地的英雄。要想超越现实成为英雄，殊非易事。不过不要紧，有一个途径可以让我们成为英雄，那就是看电影，看电视剧。无论多么渺小、多么失败、多么贫穷、多么懦弱的人，只要往电影院里一坐，或者手中握着一个遥控器，他就可以随着剧中的英雄人物强身健体、铲除强暴、保家卫国、力挽狂澜。欣赏电影、电视剧可以让我们每一个人的英雄心理得到最彻底、最充分的满足。在欣赏的过程中，我们与剧中英雄一起经历患难，一起经历耻辱，一起经历危险，一起获得胜利。

当然，英雄并不是单一类型的，无论现实生活中，还是艺术作品中，都有各式各样的英雄。在革命年代，人们往往把英雄定位为战争中靠智勇双全、克敌制胜的英雄，以打仗为职业的军人自然而然地占据了人们心目中最高的位置。无论是《智取威虎山》中的杨子荣，还是《沙家浜》中的郭建光，都获得了人们的无限敬仰，成为那个时代的精神偶像。后来时代发生了变化，人们的审美情趣也逐渐改观，英雄开始变得丰富多彩起来，就连战斗英雄的面孔也为之一变。无论是《亮剑》中那个满嘴脏话的李云龙，还是《狼毒花》中那个好酒好色的常发，都吸引了人们最为热烈的目光。人们对英雄的需求是这么多样化，不仅战争年代的英雄能博得人们的好感，和平年代的军人也成为观众争先崇拜的一大亮点。近年来，一部表现凡人小事的电视剧《士兵突击》引起了人们的广泛关注。这部由兰小龙编剧、康洪雷执导的电视剧虽然描写的都是凡人小事，但是其中却充满着拼搏进取、不屈不挠的英雄主义。农村孩子许三多从丑小鸭蜕变成白天鹅的成长故事，更是使多少年轻人神往，随着许三多的走红，他的扮演者王宝强也开始成为这个时代的"草根王子""贫民英雄"。

当然，成为英雄并不是军人独有的专利，事实上，在生活的各个领域都有英雄。武侠小说、武侠影视能在观众中长期享有盛誉，影响力从华人延伸到洋人、从青年延伸到老人、从男性延伸到女性，这就是一个明证。在那些想象大胆、出神入化的武侠作品中，英雄可以是猎户，可以是农夫，可以是乞丐，可以是戏子，可以是三教九流。他们豪放大气，武功超群，行侠仗义，威震江湖，或飞刀舞剑，或使枪弄棒，或赤手空拳，让读者和观众在现实生活中无法实现的英雄梦全都变成现实。

当今时代是一个商品经济时代，越来越多的商界人士成为人们心目中的英雄，表现商战题材、展示商战人物、描写商战智慧的作品进入人们的视野，无论是《胡雪岩》，还是《大宅门》，抑或难以计数的以当代商战为题材的影视剧都受到人们的青睐。这是为什么呢？因为这些作品，实现了人们心中皆有，但是未必都能够实现的致富梦、英雄梦，成为多少人奋斗的行动指南。

无论哪个时代的英雄，无论哪种类型的英雄，都有一种共性，那就是他们身上都有一种英雄主义。他们有的为国家而战，有的为爱情而战，有的为理想而战，有的为荣誉而战，有的为金钱而战……他们目标虽然不同，但为实现目标所付出努力却是一样的，那就是勇敢顽强、百折不挠、一定要克服一切困难，实现自己的理想，他们为观众做了最好的表率——虽然只是在艺术作品里面。

开发视觉文化产品，抓住人们渴望成为英雄的心理，并塑造出观众希望看到的英雄人物，这是一条终南捷径。

艺术中需要英雄，现实中也需要英雄。治理国家，也需要英雄，需要树立英雄。毛泽东说过："榜样的力量是无穷的。"榜样是什么？榜样就是英雄。古往今来，中华民族涌现出了千千万万的英雄，为了缅怀他们，树碑立传还嫌不够，大山以他们的名字命名，城市以他们的名字命名。关于他们，还衍生出许多流传广泛的颂歌、神乎其神的传说。正是这一切，使关于英雄的一切成为一种势力，稳定了社会，安定了社会，增强了人们的凝聚力，发展了社会的生产力。

10. 道德心理——势力经济的"指挥部"

据犹太人古老的经典《圣经》记载，人类始祖亚当和夏娃不顾上帝的警告，听信了魔鬼的谎言，偷吃了伊甸园中分别善恶树上的果子，从此沾染了原罪，被上帝逐出伊甸园。自此，人类有了分别善恶的心理。有了分别善恶的心理，就有了是非感，有了道德感。人人心中有一杆秤，论断别人，拔高自己，称量世界。

不分年龄，不分性别，不分国籍，不分民族，只要是人，就都有或强或弱、或多或少的道德感。难怪中国古人说"盗亦有道"。所谓道德，与品质、人格、良心有关，它是人类的某种行为规范，虽然道德会因人的阶级阶层不同、时代地域不同，而产生一些差异，但是就其总的价值取向而言，人在道德上又有着一定的相似性，那就是趋善避恶。

这种相似性使我们能够进行思想交流，进行艺术欣赏。譬如看电影的时候，剧中正面人物的高尚总是能激发我们的喜爱和敬重，剧中反面人物的卑鄙总是会引起我们的鄙视和痛恨。在喜爱和敬重正面人物、鄙视和痛恨反面人物的同时，我们自身的道德感也获得了升华，潜移默化地使我们也渐渐具备了那些优秀品质。其实，影视剧提升我们的道德水准，并不是暂时的，而是长期的，剧中正面人物的所作所为，能起到无穷的榜样力量，让我们效法，让我们追随。许多人之所以能在成年后做出伟大的成就，都与其青少年时期所受到的这种道德激发有关。中国有个孟母三迁的故事，说的是孟子的母亲非常注重对孩子的道德教育，生怕邻居的坏行为影响了孩子，她三次搬家，直至寻找到品德良好的邻居为止。

我们还可以举一个最近的例子，当下的社会非常浮躁，许多企业员工的工作作风很成问题，多拿钱、少干事，已经成为很多员工的通病，这令企业管理者头疼不已。有些公司开始组织员工观看《士兵突击》。效果立竿见影，看了《士兵突击》之后，许多工作懒散的员工改变了工作作风。越来越多的企业把观看《士兵突击》作为企业文化的主要组成部分。无独有偶，这种转变在学校里也屡屡出现，看了《士兵突击》，许多厌学的学生开始专心学习。据报纸报道，某中学组织观看了《士兵突击》以后，全班学生都考上了大学。

而在选择看什么片子、不看什么片子的时候，我们也有一定的道德倾向性。那些表现真、善、美，表现积极、乐观、向上、光明主题的片子，总是比那些表现消极、悲观、堕落和黑暗主题的片子吸引力更大，生命力更强。之所以会出现这种情况，也是因为人有道德感。

每一个人，无论他是总统还是平民，无论他是富翁还是穷汉，都有着自己的道德标准。道德标准，从很大程度上决定着人的消费倾向，特别是文化消费。虽然那些境界低俗的作品也有一定市场，但是毕竟邪不压正，正面的、弘扬主旋律的作品永远都占据着最大的市场。虽然好莱坞产品千奇百怪，低俗之作并不少见，然而那些把抽象的道德表现得非常形象、非常艺术化的作品，一直可以超越一切界限，到达任何地区，进入每一个人的内心深处，并且利润可观。而那些违背传统伦理道德的作品，注定会遭遇观众反感、官方叫停、血本无归的可悲命运。

在视觉文化产业中，有这样一条规律，你对观众道德，观众也对你道德；你对观众不道德，观众对你也不道德。

同样，在现实生活中，要想真正形成势力，也需要道德。常言道，得人心者得天下，人心是什么？人心是一杆秤、一把尺子，能够量出人的贤愚、高低和优劣。儒家和法家都是战国时期的学术流派，可是为什么儒家后来的地位那么崇高，形成巨大的势力，而法家的地位却不可同日而语呢？那是因为儒家是最讲道德的，而法家则崇尚工具理性，是典型的实用主义，只讲成败，不论是非，正因为此，法家在历史上口碑并不太好，未能形成儒家那样的强悍势力。

11. 幽默心理——势力经济的"粘合剂"

人区别于动物的特征很多，譬如人是地球上唯一会笑的生命体。动物也许会喜悦，但是它绝对不会笑，哪怕是十分通人性的狗、海豚和猴子，也都不会笑。然而人却会笑，人能够透过正常的世界，看出其不正常来，看出笑料，并且把这种笑料传播开来。人不仅有笑的能力，还有笑的需求，长时间不笑，人会闷出病来的，而笑得多了，则有利于身心健康。难怪俗话说："笑一笑，十年少。"因为笑，自然而然产生了幽默，人成为一种幽默的存在。

有什么样的需求，就有什么样的产品。为了满足人类笑的需求，一种专门用来提供笑声的艺术出现了，这就是幽默艺术。幽默艺术可大可小，可长可短，但万变不离其宗，笑是贯穿始终的特征。在这个信息时代，幽默艺术像空气一样充满了我们的生活，不论我们打开电视、打开手机，还是坐上饭桌，或者走进剧院，都能欣赏到幽默艺术。手机里有幽默短信，酒桌上有酒桌段子，电视上有情景喜剧。这些千奇百怪、形式各异的幽默艺术丰富了我们的生活，调节了我们的情绪，缓解了我们的压力，改善了我们的心情，使我们的生活不再单调，不再沉重，使我们的人际关系不再紧张。

幽默艺术可正式，可随机；可以只停留在口头阶段，也可以提炼成文字；可以是阳春白雪，可以是下里巴人；可以结晶成短信、顺口溜、打油诗，也可以结晶成小品、相声、喜剧。经典意义上的戏剧可以分为三大类，一是正剧，一是悲剧，一是喜剧。喜剧之所以能从两三千年前的古希腊时代一直延续到今天长盛不衰，就是因为人是幽默的，人更是需要幽默的。随着现代社会节奏加快、压力日益加大，人们对幽默的需求有增无减。喜悦的人需要笑，苦恼的人更需要笑。而笑，已经成为一种巨大的产业。

出于对幽默的需求，古希腊产生了阿里斯托芬，法国产生了莫里哀，美国产生了卓别林；而中国产生了老舍，产生了侯宝林，产生了马三立。进入信息化的视觉时代，中国又产生了赵本山，产生了葛优，产生了周星驰，产生了宋丹丹，产生了潘长江，产生了英达……借着2009年中央电视台春节联欢晚会的平台，小沈阳等笑星被观众熟知。这些明星都身价不菲，无数厂商都希望请他们做代言人。

笑是一个古老的产业，也是一个新兴的产业。有志于视觉文化产业的企业家，如果想成为笑到最后的人，就一定要研究笑，研究幽默，研究怎么样让观众笑。只有让观众笑的需求充分满足了，你笑的需求才能满足；只有让观众开心地笑了，你才能开心地笑。华谊兄弟为什么能从一家民营企业发展成为中国电影业的领军企业？就是因为他们特别懂得幽默，懂得让观众笑。观看他们打造的"冯小刚+葛优"式贺岁喜剧，已经成为许多中国观众必不可少的生活方式。许多人可以不看央视的春节联欢晚会，却不能不看华谊兄弟的贺岁片。每当冯氏喜剧上映之后，必然会带来若干流行语，这些流行语宛如接头暗号一样，谁说得出、听得懂，并在听后发出会心一笑，谁就会马上成为自己人。可以断言，只要人类存在，笑的需求、笑的艺术、笑的产业就会继续兴旺下去。

面对这样一个巨大的产业、这样一种巨大的势力，任何人都不应该无动于衷。

12. 爱的心理——势力经济的"天门阵"

儒家创始人孔子提倡"仁"，所谓"仁"，就是爱人，就是人要怀着仁爱之心对待自己的同类。而墨家鼻祖墨子则提倡"兼爱"。说法虽然不同，但核心却极为相似，那就是人对人、对生命要有爱心。在其他民族中，也有许多关于爱的表述。基督教中的救世主耶稣就提倡"爱人如己"。虽然不同民族、不同时代、不同的人对爱有不同的表达，爱的内涵与外延也都有一定差异，然而至少在一点上我们可以寻找到共同点，那就是人有一种与生俱来的爱的本能，人有爱的需求，也有爱的愿望。如果把人类的这种爱的情感进行细分，又可以分为爱情、亲情和友情。表达这三种爱的作品，差不多占据了整个世界文学史。

在爱情、亲情和友情中，最被人们所津津乐道的是男女之情——爱情，以至于爱几乎成为男女之情的代名词。由于冷漠的现实生活不能满足人们对爱的强烈需求，人们只得通过描写爱的文艺作品来寻求心灵上的满足，他们把文艺作品当成止痛剂，当成教科书，与剧中人同流泪，与剧中人共命运，如痴如醉。作品中人的爱，总是那样缠绵悱恻、荡气回肠；那样感天动地、催人泪下。眼看着别人的故事，心想着自己的心事，生活可以变得不再那样阴郁，现实变得不再那样难熬。对于那些心理脆弱、喜欢幻想的女性而言，更是如此。欣赏这样的文艺作品，不仅是一种休息与娱乐，从某种意义上讲，也不失为一种心理治疗。

不光小说和戏剧，电影、电视剧和动漫等视觉文化产品又何尝不是如此呢？随便打开电视机，随便扫描一下历届奥斯卡获奖名单，我们都会发出一声惊呼：这里是爱的天下！从《罗马假日》到《诺丁山》，从《勇敢的心》到《泰坦尼克号》……到处都有爱的踪影，到处都是爱的痕迹。进入新世纪，人享有的自由度越来越高，人在感情上也越来越随意，两性关系越来越脆弱、越来越快餐化，无论是爱情，还是婚姻，都充满了变数。这必然会使更多的人急于从视觉文化产品中寻求暂时的解脱。影视剧虽然不是最终的解决之道，然而毕竟它可以为人们受伤的心灵提供一个暂时的栖息之所。关于爱的描述，关于爱的评说，关于爱的猜测，关于爱的憧憬，都可以成为收视焦点。而这些作品的内容提供者——那些视觉文化产品的投资者、制作者也需要生活和发展，不能指望他们毫不利己、专门利人，他们有权利通过提供优质的视觉文化产品并获取利润。事实上，给观众关爱的人，也能得到观众的厚爱，在为人们提供心灵的栖息之所时，影视剧的制作者们已经大赚特赚了。人们对于爱的饥渴，已经成就了视觉文化产业的辉煌，今后还将成就视觉文化产业更大的辉煌。打动人心、征服人心、构建势力，不能脱离爱。

爱，将继续承担征服人心、构建势力的伟大使命。

六、造势（下）
——要风得风，要雨得雨

  有了吸引力，是不是就能解决全部问题，形成势力经济了？不是，譬如我们的春节联欢晚会，春晚是中央电视台在每年农历除夕晚上为庆祝农历新年举办的综艺性文艺晚会。春晚在演出规模、演员阵容、播出时长和海内外观众收视率上，一共创下中国世界纪录协会世界综艺晚会三项世界之最，入选中国世界纪录协会世界收视率最高的综艺晚会、世界上播出时间最长的综艺晚会、世界上演员最多的综艺晚会。说影响力有影响力，说吸引力有吸引力，它每年一届，至今已成功举办了34届。它拥有最强大的阵容、最优势的平台、最充足的投资、最宽松的环境、最优惠的政策，说是千军万马一点也不过分。34年来，春晚推出的明星不计其数，然而它充其量是一个娱乐节目，而没有产生它所应该产生的生产力。为什么？因为它自始至终都是为娱乐而娱乐的，既没有文化厚度，没有文化沉淀，更没有文化发展；缺乏产业化运营，没有产生符号效益，更没有衍生出产业链。就像一个没有长远打算、只会撞钟的和尚，做一天撞一天，做一次算一次。既没有也不可能形成系列产品，有些甚至只顾眼前利益，把某些低级庸俗的题材炒来炒去，甚至将一些弱势群体的生活现象加以扭曲，以求哗众取宠，博取一时的利益。这样既伤害了弱势群体的自尊心，更丑化了中华民族一贯同情弱者的优秀品德和高尚形象。而且推出的作品，往往都是单一作品，没有延续，这样获取的只是暂时的利益，而不是长远的利益；成就的也只是某些个别的艺术自然人或艺术法人，而根本不是为国家、为人民歌颂伟大的民族形象，弘扬辉煌的民族文化，彰显优越的民族精神。

可以说是只有势力，却没有势力经济，许多能量没有聚焦，白白损耗掉了。美国的好莱坞，他们的作品在一开始就有站得高、看得远的长久规划，只要作品一推出，一定会有接踵而来的之一、之二、之三……使受众群体不断有继续欣赏的盼头，使项目主体不断有赢利的希望。推出之后，又能在全世界热映，达到宣传他们生活方式和价值观，宣传他们的民族英雄主义、爱国主义，实现文化渗透、文化扩张的目的。

再譬如充斥于各电视频道的古装戏特别是辫子戏，也是只有影响力和吸引力，却没有生产力，只有势力却没有势力经济。不像英国的《哈利·波特》，十年时间售书创造了60亿美元的利润，成为史上最成功的流行文化和商业品牌之一。起初，《哈利·波特》是一本频频遭到退稿的书，然而后来由出版开始，它一路狂奔，电影、DVD、录像带、电视片、唱片、游戏、广告，周边产品不断扩展，还有难以计数的玩具、文具、服装、食品、饮料、手机等成千上万种特许经营商品，再到主题公园、主题旅游……形成一个庞大的产业链并且不断扩展、丰富，产业的边际和界限不断拓展，渗透范围越来越广。

那么，影响力和吸引力是如何转换成势力，并形成势力经济的？换言之，影响力和吸引力是如何转换成强大生产力的？

我们说，视觉文化产品可以最好、最快、最大程度地创造声誉，而声誉又能产生信誉，信誉产生信用，信用创造影响力,影响力产生吸引力,吸引力产生生产力,生产力达到一定规模就会形成势力,产生势力经济,影响有影响力的人,化他们的影响力为我们的影响力,化他们的吸引力为我们的吸引力,带动人流,而人流是万富之源、万业之本。

1. 制造声誉——一鸣惊人的诀窍

所谓声誉,指的是知名度("声")和美誉度("誉")的总和。俗话说"雁过留声、人过留名",只有拥有了知名度,你的产品才能长上双腿,插上翅膀。然而只有知名度还是不够的,还必须拥有美誉度。因为名有流芳百世的美名,也有遗臭万年的恶名,像秦桧那样死后还被铸成铜像在岳飞墓前下跪,以至于自己的后人都说"人从宋后少名桧,我到坟前愧姓秦",留下那样的恶名还不如无名。而一些地痞流氓、黑恶势力,虽然也有极大的知名度,一出现就是黑西装、黑墨镜,耀武扬威,在一定范围,达到了人人谈虎色变的程度,他们的 CI 和 VI 视觉识别系统做得很好。可惜他们终究不能成大事,因为他们只有知名度而没有美誉度,他们的存在只能是社会的渣滓,是人类伦理道德的反义词,是被众人所鄙视、所唾弃的。

一个人也好,一个企业也好,要想在人们心目中留下深刻的良好印象,必须充分把知名度和美誉度结合起来,形成自己的良好声誉。

而声誉是怎样形成的呢?需要软硬结合。既需要精心策划,小心维护,又需要资本说话,只有将这几方面有机、完美地结合起来,才能建立声誉,维持声誉,并扩大声誉。而这每一个步骤都需要连续不断、持之以恒的付出。"一夜成名""暴得大名"的事情虽然也会发生,但是只有通过巨大付出获得的声誉才经得起时间的考验。只要稍稍留意国内外诸多大企业、大品牌，不难发现，他们之所以能够拥有今天的辉煌，除了他们的产品质量过硬、服务极佳之外，其他都是宣传、营销费用堆积起来的。宣传、营销方面的投入越多，声誉越大，品牌价值也就越大，若只是闭门造车，人们是永远无法知道你、支持你的。而在这个抓住眼球就是抓住地球的时代，企业积累声誉的绝大多数费用都是通过视觉广告花出去的。正是因为有这么多的广告主，中国大大小小数千家电视台才能富得流油，单中央电视台一年的广告收入就是一个天文数字。没有如此巨大的宣传、营销投入，任何企业产生良好声誉都是不可能的。假如去那些有影响力的企业做个调查，对于他们一年中的广告投放方向做一个详细分析，不难发现，绝大多数广告费都花在视觉文化产品上，因为这是所有宣传形式中最好的形式，所有宣传媒体中最好的媒体。

其实岂止是企业，个人又何尝不是如此？赵本山为什么能成为中国人娱乐生活中的长青树？除了与他本身艺术修养好、表演技能高以外，还与他经常在电视上露脸有关。一个人连续20年每天都上电视，他一定能获得极大声誉，成为家喻户晓的人物。李幼斌为什么在2008年身价不断拔高？因为《亮剑》和《闯关东》两部电视剧在无数电视台的热播，为他做了广告。王宝强这样一个来自农村、文化不高，既不帅也不酷，甚至连普通话都说不利落的演员，为什么能成为人们心目中的偶像级人物，深受大众的喜爱？因为《士兵突击》为他做了宣传，《士兵突击》为他所做的宣传如果折合成广告费的话，数以亿计，这么多钱花出去宣传任何产品，都会获得巨大成功。

2. 创造信誉——一步登天的捷径

如果说声誉只是针对于广义的公众的话，那么信誉则是针对狭义的公众，即自己的受众、自己的客户、自己的市场。如果说声誉像阳光，那么信誉则是经过透镜聚焦的阳光，其能量是声誉的数倍甚至数十倍，乃至呈几何积数增加。普通的阳光只能把物体照得发热，经过聚焦的阳光则能使物体燃烧。

　　声誉为什么要聚焦呢？因为聚焦后的声誉可以产生强大的聚焦效应。自从商业产生以来，商人们都发现了一个规律，最好的客户是回头客。因为回头客可以一朝为客、终身为客。只要他对你产生了巨大的认同感，那么今后他不仅是你的客户，还会成为你的义务推销员。在他的带动下，亲朋好友也都会对你产生兴趣。从负面上看，那些非法搞传销的商家就是利用这一原理。然而只要你产品真正过关、服务到家，这些人又分别会一传十、十传百地再向自己的亲朋好友宣传你的产品和服务。而当社会上发生对你不利的事件的时候，他们还会站出来为你辩护，化解那些不利于你的影响。世界上所有知名品牌都是这样建立起来的，所有知名企业也都是这样发展起来的。这就是信誉的力量。

　　好莱坞制片公司，大都是以声誉制造信誉的高手，无论是梦工厂，还是20世纪福克斯，当然最好的还是大名鼎鼎的迪士尼。从声誉到信誉的飞跃，已经使迪士尼成为一个超级跨国公司。从动漫、服装、食品、玩具到主题公园，到处都留下它的足迹。全世界儿童都有一个梦想，那就是能到迪士尼乐园一游。这真可谓把信誉做到极致了。有了这无形的信誉，再获得有形的财富就不是什么难事了。

3. 积累信用——一通百通的智慧

　　如果仅仅停留在信誉阶段，那还没有实现能量和利益的最大化。良好的信誉是坚实的基础，但是作为企业家，我们不能为信誉而信誉，为基础而基础。地价那么贵，总不能打完基础就白白闲置在那里吧？我们打基础是为什么呢？是为了盖楼。基础越扎实，盖的楼就越高。而信用就是我们要盖的楼。

信誉可以产生信用，而信用则是一种更加强大的力量。或许会有人问，现代社会是制度文明，信用则属于道德范畴，是不是已经不适合时代发展了呢？不，恰恰相反，健全的制度和完美的信用结合，才是真正的市场经济。市场经济并不是不讲道德的，恰恰相反，它更讲道德。而信用则是它的最主要道德标志之一。如果说信誉是有价的，那么信用则是无价的。正因为此，金融行业都特别注重信用。而那些优秀的企业和品牌，总是因其信用良好，而立于不败之地。

可口可乐董事长伍德鲁福曾经说过："只要可口可乐这个品牌在，即使有一天公司在大火中化为灰烬，那么第二天早上，全世界新闻媒体的头条消息就是各大银行争着向可口可乐公司贷款。"为什么他如此自信？因为可口可乐的品牌品质已在消费者心中生根开花，结出了信誉的果子，并产生了无价的信用。

说起信用，我想起一个故事。当年，尼泊尔的喜马拉雅山南麓很少有外国人涉足，然而因为一个小男孩的诚信，这里突然成为旅游胜地。那天，几位日本摄影师请当地一个男孩代买啤酒，这个男孩为他们跑了3个多小时。第二天，那个男孩自告奋勇地要再替他们买啤酒。这次摄影师们给了他很多钱，让他买10瓶啤酒，但是直到第三天下午，那个男孩还没回来，摄影师们开始怀疑那个男孩把钱骗走了。然而让人意想不到的是，第三天夜里，那个男孩却敲开了摄影师的门，原来，附近商店只有4瓶啤酒了，为了买回另外6瓶啤酒，他不得不翻过一座山，趟过一条河。可惜的是，在返回的路上，他不慎把其中 3 瓶啤酒摔坏了，男孩带着 7 瓶啤酒、3 个瓶子的碎片和找回的零钱回来了。了解其中原委之后，摄影师们无不为之感动。这个故事迅速传开，听者纷纷受到感动。于是，到这儿的游客越来越多。仅仅因为一个孩子的信用，一个地方的旅游经济就被带动了，信用就是这样奇妙。

在中国古代的商人中，晋商最为有名，他们虽然深处内陆，却富甲天下，晋商之所以能够这样发达，除了与山西人勤劳勇敢有关，也与他们重视信用有关。曾经听说过这样一个故事，说是山西有一家商行遇到了财政困难，很可能马上就要破产，这时候，一位当家太太让赶紧把存钱的匣子拿出来，人们都以为她拿钱匣子是为了逃跑，没想到这位太太说，咱们一直讲究信用，在破产前，应该把欠人的钱还上。在场的人们都无不为之动容。

前些年，巨人集团破产，由于兴建珠海巨人大厦欠下大笔债务，史玉柱虽然未能像这个故事里的商行那样及时还钱，然而这笔债务压得他很长时间抬不起头来。经过几年的卧薪尝胆，他用脑白金挣了一些钱，终于有能力把以前的债务还清了。为了声誉，为了信誉，为了信用，为了更大的发展，他毅然决定先还债。有些人笑他痴，有些人笑他傻，然而他全不在乎，他要在这个缺少信用的时代留下一段守信用的佳话。果然，他的还债之举得到了全世界新闻媒体的好评。欠债还钱虽然是天经地义的事情，但是时过境迁，也不会有谁追究了，然而史玉柱认为信用大于一切。他的精神感动了世界，震撼了世界。史玉柱的信用牌打得实在聪明。

信誉产生信用，不仅适用于传统行业，也适用于 20 世纪才产生的视觉文化产业。美国好莱坞的多家公司因为信誉产生了信用，博得金融机构的青睐。他们的产品都是依靠信用发展起来的。由于信用，他们得以和金融产业对接，多次实现了质的飞跃，获取了势力，形成了势力经济。

4. 产生影响力——一日千里的动力

信用不是为信用而信用，而是为了扩大影响力，提升影响力。当然，信用也是一种影响力，然而由于未能辐射到更多的行业与领域，信用形成的影响尚比较单一。孤立的信用还只是注意力，仅仅吸引眼球是远远不够的，还要留住眼球，操纵眼球，把注意力升级为影响力。而影响力是具有超越性的，它可以超越行业，超越国界，超越民族，超越时代。

还拿楼打比方，天下的楼很多，你的楼到底是什么楼？是普通的楼，还是著名的楼？是现代的楼，还是古代的楼？假如你的楼是古代盖的天下名楼，那么是南昌的滕王阁、武汉的黄鹤楼，还是岳阳的岳阳楼，或者北京的天安门城楼？如果不是著名的楼，只是一个普通的楼，那么影响力就十分有限了。如果是有名的楼呢，影响力就大了，人来看一眼都得买票。如果是天安门城楼，影响力就更大了，中央领导在上面讲几句话，都能引起世界震动。为什么？因为天安门不仅代表了中国的硬实力，也代表了中国的软实力，而软实力所起的作用是决定性的。

国家有影响力，个人也有影响力。尤其是名人，其影响力更是超出常人。我们经常听说某部戏里，某某演员拿到了上千万的片酬，可是也经常听说在北京电影制片厂门口有大量找活干的"北漂"连方便面都吃不起，只要给他们机会，哪怕不拿片酬能让他们上镜，他们也会受宠若惊。演员和演员身材也许差不多，脸型差不多，演技差不多，身价竟然天壤之别。其中奥秘何在？在于影响力。著名演员在观众中有了巨大的影响力，大家关注他、欢迎他，投资者的投资容易收回，而新面孔观众从来都没见过，投资不容易收回，存在着风险。再譬如说慈善机构组织义演、捐款和义卖等公益活动，都要邀请名人参加，许多名人也乐于参与。为什么呢？因为名人的信用可以转换为影响力。同样是义卖，一个普通人拿出一块劳力士牌手表，李嘉诚也拿出一块同样型号的手表，李嘉诚的手表就能比其他名人的手表拍出更好的价钱，因为他是名人中的名人，只要是他用过的东西，都能沾上"仙气"。不仅他的手表卖的价钱高于别人，而且这场拍卖也会比没有他参加的拍卖更成功、筹集到更多款项。

至于企业的影响力，那就更是无所不在了。通过铺天盖地的广告，联想公司的"人类失去联想，世界将会怎样"，已经深入人心，成为名言，成为人们价值观的一部分，这就是影响力的作用。

再以好莱坞为例，100年来，通过无数电影、电视剧及其衍生产品，好莱坞的影响力已经渗透到了地球每一个角落。好莱坞可以制造社会时尚，领导消费潮流，左右公众观念。好莱坞就像图章一样，盖在了世界上每一个角落。无论你喜欢它还是讨厌它，都不重要；重要的是，它早已成为你无法回避的存在。好莱坞的影响力达到了人人仰望的境界。

5. 增加吸引力———一见钟情的奥秘

根据牛顿的万有引力定律，宇宙间的一切物体都是相互吸引的。因为万有引力，空中的物体会落到地面上，行星会绕太阳运动，月亮会绕地球运动，大海会有潮涨潮落。这是物理学层面的吸引力。其实吸引力在生物学层面上也广泛存在，花对蜜蜂和蝴蝶永远有吸引力，光对所有的生物都有吸引力，飞蛾扑火，葵花向阳，这都是吸引力在起作用。至于人与人之间，吸引力更强，因为人都有社会性，这就是人与人之间存在吸引力的一个明证。不仅仅是异性相吸，而是一切人对一切人都有吸引力，因为吸引力，人类组成了家庭、学校、社团、民族、国家……人与人的吸引力不是一成不变的，外在干预又会放大或抵消这种吸引力。可以这样说，所有的人都在不知不觉中用自己的方法干预着自身的吸引力，女人描眉画眼、涂脂抹粉，男人高谈阔论、慷慨陈词，都不是徒然的，都有其目的性。尤其是经济工作者，更是注重吸引力，小到地摊小贩，大到企业领导，所有的经济工作者都是天生的研究吸引力的专家。无论是街头抑扬顿挫的叫卖，还是狂轰滥炸的电视广告，都是他们人为制造、增强自身吸引力的手段。

持有吸引力的时间有长有短，短期吸引力可以快速抓住人的眼球，然而随着时间的流逝，这种吸引力也会减弱乃至消失。就像2010年倒掉的"神医"张悟本，一夜成名，一夜垮台。大红大紫的时候，他的书狂销300万册，找他看病，挂号费都高达2000元，还要排到几个月以后。然而他是个靠造假起家的"神医"，学历是假的，出身是假的，甚至连起码的行医资质都不具备。纸是包不住火的，没几个月，他的真面目被拆穿了，无数挂号的病人愤怒要求退款。这就是短期吸引力。

许多专家学者在研究中国企业的发生、成长史的时候，发现了一个规律，包括历年首富在内的中国企业尤其是民营企业，往往都存在一个"长不大"的问题。无论他们做得多有规模，多有影响，随时都会因为这样那样的原因受挫甚至倒下。无论是20世纪90年代的"标王"秦池酒，还是因为"毒奶"而彻底倒闭的三鹿集团，或者因为强奸而臭名远扬的山木集团。造成这些企业危机的原因可能是多方面的，然而有一个原因不容忽视，那就是他们过分注重外在的吸引力，却忽视了内在的吸引力，过分注重短期的吸引力，却忽视了长期的吸引力。在做人、做事方面，存在巨大的误区，甚至有违伦理道德、有违法律法规。正是因为这些，他们才无法建立起长期吸引力，丑闻一经曝光，迅速"见光死"。

而长期吸引力则不同，它是品格的积累，也是智慧的积累，是心态的积累，也是财富的积累。一部《论语》，千古传诵，于丹仅仅是读一读它，都能成为超级畅销书作家，这是长期的吸引力。再譬如有着"万店之王"美誉的麦当劳快餐，它从1955年创办以来，目前已经在全球121个国家和地区拥有超过31000家快餐厅，它靠的是什么？是规范的管理、过硬的质量、快速的服务、强烈的社会责任感，以及麦当劳叔叔形成的亲合力。人见人爱的麦当劳叔叔，是友谊、风趣、祥和的象征。他总是一身传统马戏小丑的打扮，黄色连衫裤、红白条衬衣和短袜、大红鞋、黄手套、一头火一样的红发，深得儿童喜爱。据调查，在美国4—9岁儿童的心中，麦当劳叔叔的知名度仅次于圣诞老人。犹太人赚钱的经验有两点：一是赚女人的钱，因为她们比男人缺少理性；二是赚孩子的钱，因为孩子更没有理性，而且他们最善于向父母推销。有了麦当劳叔叔这一形象大使，孩子们蜂拥而至，餐厅里面济济一堂。心理学家发现，人的童年经历可以影响人的一生，尤其是童年饮食，更是影响到他一生的饮食结构和饮食习惯。麦当劳每吸引来一个孩子，就相当于在这个孩子身上植入了一个芯片，每过一段时间，这个孩子心里就会有一个声音告诉他："到麦当劳去搓一顿"，这样的情况会持续这孩子一生。这个孩子长大做了父母，又会把自己的饮食习惯传递给他的孩子……麦当劳对长期吸引力的研究，真是到了无所不用其极的地步。它能获得那样的成功，绝不是靠投机取巧，或者撞大运，更不是像国内某些企业或名人那样编瞎话骗人，它靠的是长期吸引力。

6. 扩大生产力——一马当先的行动

吸引力不是凭空而来、不知所终的，吸引力都为产生生产力而存在。那么什么是生产力呢？

所谓生产力，指的就是人类产生利润、增加利润的能力。这一定义与传统解释有一些出入。按照传统解释，生产力指的是人类在生产过程中把自然物质改造成为适合自己需要的物质资料的力量，包括具有一定知识、经验和技能的劳动者，以及劳动对象。其中劳动者是首要的、能动的因素，科学技术的广泛运用促进或决定生产力的发展，从这一意义上讲，科学技术是第一生产力。

这样的解释已经与当今的时代有一定差距了，首先，它不符合低碳环保的标准，不符合中华民族敬天爱人、天人合一的传统。人可以改造自然，却不能征服自然。其次，这一解释过于物化，有些能力未必是改造自然的能力（从某种意义上讲，说成改造人的能力可能更好一些），却肯定是生产力。譬如第三产业，如金融、管理、教育，尤其是文化产业，这些产业既不改造自然，更不征服自然，却是百分之百的生产力。传统的解释是一种蓝领化的解释，拔高了具体的生产劳动，却贬低了具体生产劳动之外的其他劳动，把它当成剥削了。对于具体生产劳动之外的生产力也予以抹煞，这是有违公正的。

前面说过，影响力产生吸引力，吸引力产生生产力。

吸引力是怎样产生生产力的呢？因为吸引力可以产生利润，增加利润。为什么那么多人把餐饮业当成淘得第一桶金的首选行业？因为民以食为天，人人都是怕饿肚子的，而餐饮可以解决人的肚子问题，对人有吸引力。

不论是国产的全聚德、永和豆浆，还是外国的麦当劳、肯德基，都是从这方面入手的。为什么那么多人抽烟喝酒？因为烟酒可以培养人的成瘾性，而成瘾性是吸引力的一种极端表现，可以让人无法自控，不惜高价也要达到目的。所以无论茅台酒厂，还是红塔集团，都是赢利大户。餐饮业和烟酒业已经产生了无数类似的大型企业。然而，无论餐饮也好，烟酒也好，都是一种传统的产业，而且属于劳动密集型的产业。它们所依托的吸引力，也是生理层面的，而非精神层面。而文化产业所产生的吸引力，则更多侧重于人的精神层面。有一种吸引力，是人类区别于动物的吸引力，这就是精神吸引力。奥运盛会，举国若狂，这是文化吸引力；《变形金刚》《阿凡达》一票难求，让无数青少年疯狂，这是艺术吸引力；大学经济专业爆满，书店经济柜台人头攒动，这是经济吸引力；公园中红男绿女，皆为谈情说爱而来，这是爱情吸引力；而各个名山古刹香火缭绕，基督教堂里处处是洗心革面的人，这是宗教吸引力；汶川地震，无数志愿者奔赴灾区、无数捐款送往灾区，抢险救灾，这是道德吸引力；《十万个为什么》长销不衰落，这是科学吸引力……由文化吸引力、艺术吸引力、爱情吸引力、宗教吸引力、道德吸引力、科学吸引力等构成的精神吸引力，是推动人类文明与进步的更强大动力，远远高于餐饮、烟酒所构成的物质吸引力。政府和企业若想有所作为，也应该介入文化产业，增加对人的精神吸引力，并转换吸引力为生产力。

7. 聚合势力——一以当十的协作

影响力达到一定程度、超越某种极限之后，就会产生势力。比如，一个鸟蛋只是鸟蛋，但是如果把它放大到国家歌剧院的比例，它就不再是鸟蛋；一个鸟巢只是鸟巢，然而如果把它放大到国家体育场的比例，它就不再是鸟巢。此蛋非彼蛋，此巢非彼巢，展现在世人面前的，已经是一个截然不同的东西。

　　势力就像核裂变一样，能产生不可思议的巨大能量。它能影响别国的政治，影响别国的经济，影响别国的文化，深入每一个人的灵魂深处。譬如好莱坞就形成了一股强大势力，以至于一些极端反美的国家也无法抵挡它的魅力。而我们的邻国日本，也把视觉文化产业所形成的巨大影响力，发展成了势力。如今，中国一些年轻人对艰苦卓绝的八年抗战已经非常模糊，反而对日本文化情有独钟。为什么？就是因为日本视觉文化产品已经形成了一股势力。日本视觉文化产品形成的势力，远远超出了当年日本军队的势力，以至于许多人惊呼，日本军队当年达不到的目的，如今用电影、电视和动漫达到了，甚至程度更深。中国若想缩小差距、迎头赶上，必须聚合势力，学习美国、日本等国家的先进经验，发展文化产业，特别是以影视为主体的视觉文化产业。

8. 发展势力经济——一本万利的谋略

　　无数事实证明，一个企业实力的强弱与规模的大小并不存在必然的联系，决定企业竞争力、生命力和影响力的不是外在的规模，而是内在的实力。老鼠一胎生十几个，狮子一胎只生一个，然而老鼠生得再多也只是老鼠，狮子生得再少也是狮子。一个仅有八九个人的企业可以是一家呼风唤雨的跨国集团，而一家拥有数万员工的企业却可能只是一家仰人鼻息、为人做嫁的加工厂。譬如有着股神之称的世界首富巴菲特，在2008年其公司只有15个人，然而就是这样一个只有一个班

"兵力"的公司却翻手为云、覆手为雨，主宰了世界股市，即使在金融危机中，也屹立不倒。而中国长江三角洲和珠江三角洲的许多企业，动辄成千上万人，然而他们却只能为别人做加工，一遇到金融危机，马上陷入手足无措的局面。

规模经济和势力经济有以下差异：

规模经济追求量的扩张，通过量变，实现更大的量变；势力经济注重质的突变，通过质变，达到自身实力几何级数的增长，从而在经济、政治、社会、文化等多个领域产生更加深远的影响力。

规模经济追求低成本、高产出、高效率，而势力经济除了追求这些硬性指标之外，更关注对未来的洞察力、对市场的控制力、对行业的领导力和对社会的辐射力。

规模经济加工实体产品；势力经济制造品牌、标准和行业。

规模经济追随行业，是行业的参与者；势力经济建立行业，是行业的开创者。

规模经济遵守标准，是标准的实施者；势力经济建立标准，是标准的制订者。

规模经济是劳动密集型产业，势力经济是智慧密集型产业。

规模经济赚取机会利润，势力经济赚取模式利润。

规模经济是加法，势力经济是乘法。

规模经济是平面，势力经济是立体。

规模经济追求产品价值，势力经济追求符号价值、声誉价值、信誉价值和信用价值。

规模经济在竞争激烈的红海领域艰苦作战，势力经济在无法竞争的蓝海领域自由游弋。

一言以蔽之，规模经济是黄金，势力经济则是点金术。

9. 投放"绿色原子弹"——一劳永逸的战术

在上文中，我们对规模经济和势力经济进行过一个对比，在这里，我们可以补充一句，如果规模经济只是一枚普通炸弹的话，那么势力经济则是一颗原子弹，二者之间的差别，可以用天壤之别来形容。同样是炸弹，原子弹要比普通炸弹的威力大得多。它爆炸时产生的冲击波、光辐射、贯穿辐射和放射性污染无与伦比，它所造成的影响数十年都不能消除。世界上所有的原子弹如果全部爆炸，足以把地球毁灭。

然而，如果原子弹仅仅具有杀伤力，还不算什么。原子弹之所以了不起，还因为它具有空前绝后的威慑力，能真正做到不战而屈人之兵。

毛泽东曾经这样分析："……有计划地造成敌人的错觉，给以不意的攻击，是造成优势和夺取主动的方法，而且是重要的方法。错觉是什么呢？'八公山上，草木皆兵'，是错觉之一例。'声东击西'，是造成敌人错觉之一法。在优越的民众条件具备，足以封锁消息时，采用各种欺骗敌人的方法，常能有效地陷敌于判断错误和行动错误的苦境，因而丧失其优势和主动。'兵不厌诈'，就是指的这件事情。什么是不意？就是无准备。"这种战术，在战争中经常被用到。

美国是第一个拥有原子弹的国家，时至今日，世界上拥有原子弹的国家也寥寥可数。然而自从问世之后，原子弹只投放过一次，也就是1945年，当时第二次世界大战进入尾声，为了敦促日本帝国主义投降，同时也对世界其他各国形成震慑，美国在广岛和长崎投了两颗原子弹。美国达到了预期目的，日本人的自信心彻底摧毁，日本天皇很快投降，其他国家也都惊得目瞪口呆。世界历史掀开了新的一页，世界格局进入了一个新的时代。

如果说20世纪40年代二战结束时，美国是来点真格的，那么到了80年代，它已经用不着这么做了。二战后的世界上，有两个超级大国，一个是美国，一个是苏联，这两个超级大国不断扩充军备，争夺世界霸权。美国开始推行"星球大战"计划。为了拖垮对手，美国不断在国际上大造舆论，声称未来的世界大战将在太空爆发，谁拥有了太空控制权，谁就控制了整个世界。这项计划的主要内容是要推动美国着力发展中程核武器和巡航导弹，在太空建立核武器基地，可以在太空直接发射和拦截洲际导弹和核武器。同时加强太空作战指挥系统，具体分为监视跟踪系统、武器拦截系统和指挥系统三部分。这一计划总预算高达上万亿美元。这一计划，通过系列电影《星球大战》在全世界迅速传播。苏联不甘示弱，他们倾其所有，与美国竞争，最终却国库耗空，众叛亲离，分崩离析。"星球大战"计划到底是不是真像描写的那样神乎其神，到底花了多少钱？我们不得而知，也许根本就没有这回事，一切都是无中生有。然而庞大的苏联被美国打垮了却是铁的事实，这样的胜利，其意义远比打败日本重大得多。从现实的眼光看，"星球大战"计划是一场耗资不菲的军事战和科技战，然而从历史的眼光看，它却是一场投资少的宣传战、一场一箭双雕的心理战。《孙子兵法》说："攻城为下，攻心为上"，把"不战而屈人之兵"作为战争的最高境界。原子弹理论恰是这一战略在现代社会的具体运用，是融攻心战略和攻心战术于一炉的典范。

在当代经济领域，一些企业宣传要在什么地方投资多少多少钱，要搞一个多么多么大的工程，他们的技术多么多么先进，使人们真假莫辩，盲目纷纷追随。而在股市上，这些企业的股市价格却不断看涨。这些即使还不能算势力经济,也多少具有一些势力经济的色彩,这都是原子弹理论的实际应用。作为传统武器的原子弹是极具杀伤力的,而作为产业的原子弹则是"智慧原子弹""和平原子弹""绿色原子弹"。

这种战略和战术虽好,然而它不是所有国家、所有企业和所有人都能使用的,只有当你的综合势力达到某一程度、突破某种极限之后,才能享有这种特权。就像真正的原子弹一样,弱小的国家一般是没有实力研制原子弹的。

虽然中国不能与美国比战略武器,但我们有 5000 年的文化底蕴,加之综合国力的不断增强,我们完全可以采取另一种战略战术,输出文化,输出人,形成势力和势力经济。

七、攻势（上）
——韩信点兵，多多益善

电影、电视剧和动漫等为代表的视觉产品是传播信息的最佳手段，通过视觉文化产业，美国已经发展起了势力经济。那么，是不是仅仅拍摄影视剧，就可以产生势力经济呢？不是，如果仅仅拍摄影视剧，那只是为影视娱乐业增加了一个新产品而已。要想产生势力经济，还必须依照一定的模式运作。这一模式必须具有前瞻性和创新性，必须高屋建瓴地站在跨行业的高度之上，俯视行业，指点行业。传统意义上，一部影视作品播出了，就算万事大吉了，如果这样，只能是功亏一篑，买椟还珠。要想最大程度地利用影视作品的宣传效应，应该进行谋在先、行在后的周密策划，把它当成一个系统工程去做，也就是提前进行植入广告。不是植入某一种产品，而是植入许多产品，甚至可以横空出世地通过影视剧制造出一种新产品来，在影视作品播出的时候同时上市。只有这样，播出时间才不会浪费，播出画面才不会空耗，随着产品播出而引起的宣传热潮才不会损耗。也只有这样，才能衍生出相关的产业链。

1. 产业链——一个好汉三个帮

在自然界，有一种现象叫作共生现象，说的是不同的物种，由于某种生存关系，互相依存。犀牛是一种体型庞大而性情暴躁的动物，它一发脾气，狮子、大象也怕它几分。然而它却能与一种非常微小的动物——犀牛鸟相处，任它在自己背上跳来跳去，二者成为形影不离的亲密伙伴。这是为什么呢？因为犀牛鸟可以帮助犀牛清除皮肤上的寄生虫。虽然犀牛的绝大部分皮肤都像铁甲一样坚硬，但是褶皱处却非常脆弱，一些吸血昆虫经常从这里吸血，犀牛鸟正好可以吃掉这些烦人的家伙。不仅如此，犀牛和犀牛鸟还建立了"攻守同盟"，犀牛保护犀牛鸟免遭天敌的伤害，而犀牛鸟也经常向犀牛发出警报。

这就是共生现象，这种互利互惠、荣辱与共的共生现象，在经济界也普遍存在，这就是产业链。由于相同的利害关系，许多经济实体形成某种松散的经济共同体，风险共担，利益共享，这就是产业链。产业链不仅可以加快商品流通，解决就业压力，带动一个地区、多个行业的兴旺，在国民经济生活中必不可少。中国的山西省是一个物产不丰富、交通相当封闭的地区，然而在明清时期，晋商却成为中国最优秀的商人。为什么？因为他们懂得建立产业链、发展产业链、扩大产业链、依靠产业链。

美国建国时间最短，发展速度却最快，这也与他们的产业链意识非常发达有关。他们经营任何商品，都注重从原料、生产、销售、流通、服务多个环节一条龙发展，多方获利，多方受益。芭比娃娃深受欢迎，不仅孩子喜欢，就是许多成人也挡不住她的诱惑。然而你知道吗？芭比娃娃的品牌也有一条看不见的产业链。譬如说，中国企业制造一个芭比娃娃以 1 美元的价格卖给美国，美国再以 10 美元的价格售出，价格增加了 9 倍。因为这中间会经过 10 个环节，每一个环节都要从中挣 1 美元。中国人只挣 1 美元，而美国人却挣 9 美元，两国企业家的思维，孰高孰低，一目了然。

进入视觉文化时代，产业链的重要意义为越来越多的人们所重视，因为视觉文化产业是建立整合各种资源、建立产业链的最佳手段。譬如我们拍一部大型动画片《大旗五千年》，我们的动画形象可以授权给若干行业。就以食品中的玉米膨化食品为例，用了我们的卡通形象，玉米膨化食品卖得好，这就可以刺激农业，给化肥厂带来生意；同时又可带动机械制造业；然后食品要包装，这又刺激了造纸、塑料、印刷、包装设计行业；艺术设计又会带动教育行业；当然，这一切还会影响到市场营销，带动广告业，而广告效果最好的当然是视觉广告，视觉广告最好的播出平台是电视平台。你看，绕了一圈，又回到视觉文化产业来了……而在这整个过程中，多少企业可以获利，多少就业问题可以得到解决？全部加起来，肯定是一个天文数字。这样的收入远比单纯拍一部片子多得多，辐射面也广得多，后续效应更是无法计算。赢利状况如此良好，肯定可以进入资本市场，成为一匹潜力无比巨大、成长十分迅速的黑马。

显然，在一条健全的产业链中，投资者可以把一部影视作品的全部利润——产品利润、财务利润和资本利润——一网打尽。

2. 产品利润——利润的"冰山一角"

产品利润包括两大部分，一部分是影视产品通过播出所获得的那部分利润，即播出费或者票房利润；一部分是影视衍生产品所获得的利润。与其他产品相比，视觉文化产品的第一部分利润是十分可观的，以电视剧为例，一部电视剧的利润有12次：首先是国内各省级电视台的播出利润，全国有31个省、市、区，就有31个省级电视台；第二次利润是在各省卫星电视台的播出利润；第三次是通过海外发行产生的利润；第四次是手机点播产生的利润；第五次是网络电视所产生的利润；第六次是在各电视台收费频道所产生的利润；第七次是在全国的县级电视台所产生的利润，这个利润比较少，但是市场巨大；第八次是在各个省级电视台的次要频道播出所产生的利润，各个省级电视台有无数个频道，如果分频道卖出，利润巨大；第九次利润是音像制品、光盘所产生的利润；第十次是电视剧周边产品如剧本、小说所产生的利润；第十一次是演艺经纪利润；第十二次是在影视产品品牌、形象授权所产生的利润，也就是所谓的"符号利润"。

产品利润虽大，但是若与它所衍生出的衍生产品利润相比，仅仅只是九牛一毛。如果说第一部分利润是冰山之一角的话，那么第二部分则是藏在海面下的整座冰山。只要事先对视觉文化产品进行周密的商业策划，还有无限可以挖掘的利润空间。据统计资料显示，美国国内每年的票房收入为70亿美元，其份额仅占美国电影产业的27%，而其衍生产品收入却占了73%，是票房收入的2—4倍。

3. 财务利润——古代铸币厂的惊天秘密

财务利润指的是资金运作过程中所产生的收益，譬如利用时间差，将投资资金预收帐款、应付帐款等帐期资金，在支付前通过金融机构理财，进行短期无风险权益投资，所获取的收益。如果运作规模大，资金基数大，这部分收益也十分可观。

说起财务利润，有一个故事可以给我们很大启发，说是古代有一个铸币厂，里面有一个负责的官员，这位官员家财万贯。国王怀疑他贪污银币，然而详细调查后，也没有发现这个官员贪污公款、私铸银币的证据。直到后来一个偶然的机会，国王才知道这位官员暴富的秘密，原来他把自己经手的每一个新铸出的银币都用一块毛毯擦一下，擦一下不要紧，就会有细微的银屑掉了下来，常年累月，他擦的银币不可计数，擦下的银屑也就十分可观了。这些银屑就成为这位官员的私有财产。而国库一点也不曾亏损，国王也就拿这个官员没有办法，财务利润的本质就是这样。财务利润说明一个真理，钱是能"无中生有"的，而且生产率非常惊人，像《愚公移山》中所说的那样"子子孙孙，无穷尽也"。

再比如，沃尔玛超市在全世界有近8000家连锁店，假如每一家一天的营业额是100万，那么它每天的营业额可以达到80亿元。沃尔玛简直等于开了一家银行，这笔钱在手中哪怕放一夜，也可以获取相当可观的利润，难怪它会成为美国零售业的霸主呢。沃尔玛既没有高科技，又没有垄断优势，只是卖些日用品，它成功的秘诀在哪里？在于财务利润。

4. 资本利润——从"爬楼梯"到"坐电梯"

资本利润是指企业通过发行私募股权基金（PE）、引进风险投资（VC）、上市进入资本市场等资本运作方式所产生的利润。与产品利润相比，资本利润获利更快、更多，因为产品利润依靠量的积累，而资本利润则追求质的变化，尔后通过质的变化，实现量的更大突破。如果说产品利润是爬楼梯，那么资本利润则是坐电梯；如果说产品利润是坐汽车的话，那么资本利润则是坐飞机。比如，阿拉伯国家卖石油能发财，然而他必须一桶一桶地卖，由于石油是不可再生资源，卖一桶少一桶，少一桶就等于剥夺了子孙后代赖以生存的物质基础。所以靠赚取产品利润积累财富，还是个弊大于利的土办法。然而如果让石油公司上市，公司股票一涨价，全世界的股民都纷纷抢购，阿拉伯国家可能一桶石油都没卖，就已经狠赚了一笔，这就是资本利润。为什么那么多企业都在想方设法上市，因为这样增值速度更快、利润更高。可以把一些看不见摸不着的东西直接转换成利润。又如，欧美国家与阿拉伯国家的关系，是世界石油价格的晴雨表，双方关系一松动，石油价格就上涨；双方关系一变化，石油价格就下滑。这一点，不仅在电视新闻上看得清楚，在股票市场上也一目了然。都说"大炮一响，黄金万两"，可是对于那些石油企业家来说，用不着大炮，他们已经达到"头脑一亮，黄金万两"的水平了。这中间的操作技巧，就在于他们深谙资本利润的秘密。势力已成功了一大步，企业家卖的是未来的股值，股民买的是未来的股值。

八、攻势（中）
——越大的企业越缺钱

懂得了借势、蓄势和造势的基本路径和技巧，还不足以形成势力经济，因为一切还停留在纸上谈兵的阶段，还需发起有效的攻势，才能让这些无形的思想转换成有效的行动和有形的利润。常识告诉我们，资金是一切经济行为的灵魂，没有资金，一切都是幻想和空谈。而任何人都明白，资金问题每一个人、每一个企业都会遇到。遇到资金问题，不能守株待兔，必须积极行动起来，想方设法聚天下之力、融天下之资。只有这样，才能实现惊天的梦想。

或许会有人想，融资只适用于那些资金短缺的小企业，对于那些资金雄厚的大企业，这些理论派不上用场，因为他们并不缺钱。这样的猜测表面看来不无道理，但是只要明白了现代企业的运作规律，你就不难发现，对于任何企业而言，有两种东西是永远都缺少的，一是人才，一是资金。如果一个企业感觉自己不缺少资金，证明这个企业没有雄心，没有抱负，没有眼光，没有梦想，已经成为固步自封的老人了。凡是想发展的企业，必然会面临资金问题。拥有1亿，你想办10亿元的事情；拥有10亿元，你想办100亿元的事情；拥有100亿元，你想办1000亿元的事情；拥有1000亿元，你想办10000亿元的事情……成功没有止境，梦想也没有边界，资金的短缺自然也没有止境。所以，融资问题不仅是小企业急需解决的问题，更是大企业急需解决的问题。世界上什么人会觉得自己财大气粗？不是跨国公司的老板，而是那些土财主，也正因为此，土财主永远是夜郎自大的土财主，而跨国公司永远是不断进取的跨国公司。

1. 融资——快速发展的"聚宝盆"

从狭义上讲，融资是一个企业筹集资金的行为与过程。也就是企业根据自身的生产经营状况、资金拥有的状况，以及公司未来发展的需要，通过科学的预测和决策，采用一定的方式，从一定的渠道向公司的投资者和债权人去筹集资金，组织资金的供应，以保证公司正常生产需要、经营管理活动需要的理财行为。

融资可以从不同的角度进行分类。例如，从资金融通是否付息和是否具有返还性，可以划分为借贷性融资和投资性融资；从融资的形态不同，可以划分为货币性融资和实物性融资；从融资双方国别的不同，可以划分为国内融资和国际融资；从融资币种不同，可以划分为本币融资和外汇融资；从期限长短，可以划分为长期融资、中期融资以及短期融资；从融资的目的是否具有政策性，可以分为政策性融资和商业性融资；从融资是否具有较大风险，又可以划分为风险性融资和稳健性融资等。

现代社会，可以融资的方法已经比较完备，贷款、保险、风险投资（VC）、私募股权基金（PE）、信托、发行企业债券、企业上市等，这是我们最常用的融资手段。

2. 贷款——借鸡生蛋的"锦囊计"

贷款说白了就是借钱。大凡略懂经济的人都知道，经济运作的艺术就是借的艺术。那些靠自有资金发展的想法，是落后的小农意识，这种小农意识非常害人。20世纪90年代，珠海巨人集团破产，就是因为他们一切完全依靠自有资金，从来没想过与银行打交道，以至于资金链断裂时，叫天天不灵，呼地地不应。

好在明白个中奥秘的人越来越多，现在已经没有几家企业会抱着那样的想法了。只是由于国内金融企业属于垄断行业，长期的优越地位使一些银行信贷部门像衙门一样，门槛高，架子大。它们对在国内尚未完全规范的视觉文化产业偏见深，因此视觉文化产业面临贷款难的处境。

好在自然规律是，再坚硬的冰，也会有解冻的一天。随着市场经济的日益深入，银行也开始改变自己的思维。2008年，华谊兄弟投资的电影《集结号》从招商银行贷款5000万，票房收益达到3亿元。由于受到金融危机的影响，传统行业的弊病和视觉文化产业的优越性显露无遗，"华尔街哭，好莱坞笑"的规律，为越来越多经济界人士所认识，金融机构对视觉文化产业的偏见将逐步改变，视觉文化产业贷款难的问题将会得到解决。

3. 私募股权基金——项目融资的"大运河"

私募股权基金（PE）也是一种颇为重要的金融手段。私募股权基金是指以非公开方式募集的股权投资基金、产业投资基金、创业投资基金等各种非证券类投资基金，可以实行公司制、合伙制、契约制和信托制等几种方式运作。由于投资回报丰厚，视觉文化产业越来越受到私募股权基金的青睐。在美国好莱坞，行业外资金投资电影大约占到了电影总投资的50%，这些大部分都是以私募股权基金的方式运作的。据专家统计，目前私募股权基金的回报率不是以百分比，而是以倍数比计算的。

正因如此，国外的私募股权基金十分活跃。只是在国内，私募股权基金特别是针对于视觉文化产业的私募股权基金还属于新生事物。正因为如此，它有着非常广阔的前途。只要抓住契机，中国的视觉文化产业完全可以通过发行私募股权基金"鲤鱼跳龙门"，从而带动中国视觉文化产业全方位、大踏步的发展，创造巨大的影响力、吸引力、生产力，创造势力和势力经济。

4. 风险投资——收益倍增的"摇钱树"

风险投资（VC），顾名思义，指的是一切具有高风险、高潜在收益的投资；它一般由职业金融家投入到新兴的、迅速发展的且具有巨大竞争潜力的企业之中，是一种权益资本。与其他类型的投资相比，它具有两大特点：一是高风险性，二是高收益率。由于风险投资的投资对象往往是具有高成长性的项目，其收益是潜在的，而不是眼前的，在技术研发、技术转化、产品试销、扩大生产等各个环节上都潜藏着风险。所以出于安全性考虑，银行等金融机构往往不会为此提供贷款。然而也正因为此，这些项目成为广大风险投资家的首选目标。与其他投资者的缩手缩脚、患得患失不同，风险投资的所有投资者都做好了失败的准备，成则一本万利，败则血本无归。就像当年资助哥伦布寻找新大陆的西班牙国王那样。

正因如此，它才叫作风险投资。别看这种投资风险高，其收益也非常巨大，对于投资者而言，所投项目只要有10%赚钱，就可以赚个盆满钵满。近年来，尤其是进入新世纪以来，中国的网络公司大都是依靠风险投资发展起来的，无论是搜狐、新浪，还是腾讯、百度，更别说盛大、阿里巴巴……这样的投入不是盲目的，它们为投资者带来的回报无比丰厚，达数十倍、数百倍甚至数千倍，回报率远远高于股市。正因如此，风险投资不仅成为创业者津津乐道的话题，也令广大投资家们乐此不疲。

譬如大家耳熟能详的腾讯QQ，就是靠风险投资发展起来的。1998年，QQ的娘家——腾讯公司只是一家注册资本50万元的袖珍公司，然而1999年，腾讯的创办人马化腾等人成立腾讯控股作为腾讯各公司的控股公司。由此引入的两笔风险投资共220万美元，IDG资本和盈科数码分别持有腾讯控股总股本的20%。2001年6月，香港盈科以1260万美元的价格将其所持腾讯控股20%的股权悉数出售给MIH米拉德国际控股集团公司，赢利超过10倍！虽然从后来的发展来看，盈科似乎是做了一笔赔本的买卖，然而从当时来看，盈科却是大赢特赢！

发展势力经济，离不开风险投资。

5. 担保基金——金融资本的"放大器"

由于企业从银行贷款困难重重，那些与银行关系好的企业就可以充当担保人，成为职业担保者。担保公司虽然不是金融机构，然而由于他们和金融机构的关系，他们在客观上也具备金融机构的一些功能。在经济生活中，它们除了帮助企业融资问题、控制经营风险以外，还可以起到资金"放大器"的作用。也就是说，通过这个"放大器"，只要担保公司认为你的项目确实回报高、风险小，担保公司可以从银行拿到相当于担保公司注册资金数倍的贷款，少则三倍、多则一二十倍，这就可以使项目得到更好的资金支持。

按照常规，一分钱就是一分钱，一块钱就是一块钱，一亿元就是一亿元，而通过担保公司，一分钱可以变成三分钱，一块钱可以变成三块钱，一亿元可以变成三亿元。这样，一下子获取了三次机会，哪怕失败两次，还有一次机会。所以生产具有影响力的产品需要担保基金这个资金"放大器"，企业要做大就一定要间接投资担保公司，这样可以基本解决融资难的问题。

6. 上市——股权增值的"高速路"

一个企业要想完成由小到大、由弱到强、由传统经营到现代经营、由杂牌军甚至游击队到正规军的过渡，或迟或早，必须进入资本市场，只有进入资本市场，才能兴修一条资本高速公路。上市就是进入资本市场的一个主要途径。通过上市，企业如虎添翼，它在资金上对银行的依赖性越来越小，自身的自主权越来越大。通过公开发售股票（股权），它可以大张旗鼓地面向公众募集资金，用于企业增长、市场扩张、清偿债务、广告宣传、市场营销、战略研究、长远发展，以及企业并购，等等。如有必要，上市企业还可以通过发行债券、股权再融资或定向增发等手段募集到更多资金。有了这样的资金保障，企业将实现由量变到质变的巨大飞跃。

许多公司在上市以后，资产都实现了翻番，甚至翻了几番。那些呼风唤雨的中外知名企业，其资产之所以能成几何级数增加，其秘密不是单纯依赖辛辛苦苦地生产、销售，而是依靠上市，依靠股权增值，依靠资本市场的运作。

以上种种，都是现代企业经营发展中必不可少的金融手段。离开这些强大、立体的金融手段，是不可能获得巨大成就的。

九、攻势（下）
——从资源到资本的裂变

许多人都存在一个误区，相信有钱能使鬼推磨，其实事实并不尽然。金钱虽然重要，但是与人比起来，金钱还远不是第一位的因素。所以在整合资源的时候，我们首先要整合的不是钱，而是人。整合了人，就是整合了钱。金钱，只是整合人脉资源、使之发生裂变的一种手段、一个工具。人脉资源大致可以分为高端资源、同盟资源、人才资源、客户资源、媒体资源等。人脉资源其实是相互的，你是我的资源，我也可以是你的资源。古人说四海之内皆兄弟，现在，四海之内皆资源。通过巧妙的整合，可以使你的人脉资源变成人脉资本，使高端资源变成高端资本、同盟资源变成同盟资本、人才资源变成人才资本、客户资源变成客户资本、媒体资源变成媒体资本、政治资源变成政治资本，实现由小到大、由静到动、由零散到集中、由平面到立体的飞跃，让你无论走到哪里，都能如鱼得水。

1. 从高端资源到高端资本——势力经济的强大后盾

虽然人与人在法律上是平等的，在人格上也是平等的，但我们也不得不承认，每一个人的符号价值是不同的，每一个人的影响力和吸引力也是不同的。而那些拥有一定社会地位、较高公众影响力和特殊技术的人士,其对公众和社会的影响力就比一般人大,而且因个人之间的差异,有些还特别大。他们的影响力,随时都可以兑换成钱,而普通老百姓则不能。势力经济,应该通过有影响力的人来影响公众,影响市场,影响世界。因为有影响力的人能以一当十、一呼百应。许多企业喜欢选择影星、歌星、体育明星、文化名人充当形象代言人,因为名人是一种高端资源,他们都拥有自己的势力范围。与他们联手,就可以把他们的资源变成企业的资源,把他们的影响变成企业的影响,把他们的符号价值变成企业的符号价值。

古人追求"谈笑有鸿儒,往来无白丁"的境界,为什么?因为白丁是低端资源,鸿儒是高端资源。高端资源对一个企业的影响是无法计算的,譬如李宁公司巧妙借用体育明星李宁的影响力,把李宁这一资源整合成了资本,终于成为世界知名的运动品牌。

要想整合高端资源,并非易事,必须依靠自身的势力。比如,一家饮料厂想请一位电影明星做代言人,那么受邀明星就得先对企业的资质、信用有所了解,企业仅仅有钱还远远不够,因为明星可能会害怕产品有质量问题,给其自身带来负面影响。反之,假如可口可乐想要找代言人,那么大家会抢着为它代言。因为可口可乐的势力已经到了一种让人无法质疑的程度。

2. 从同盟资源到同盟资本——势力经济的扩张平台

中国第一部诗歌总集《诗经》上说:"嘤其鸣矣,求其友声。"古老的犹太经典《圣经》上也说人"独居不好"。说法虽然不同,道理却是一样的,那就是人不能孤立于社会而存在。社会性,是人区别于动物的一大属性。小到个人,大到国家，都需要朋友，需要同盟。因为尺有所短，寸有所长。作为与社会联系最为紧密的企业，更应注重建立自己的同盟资源。我们不妨用茶壶打个比方，一个茶壶由壶身、壶嘴、壶柄、壶盖几个部分组成，只有几个部分一起协作才能使茶壶的性能得到最完美的表现。假如没有壶身，我们用壶盖盛水的话，壶盖盛不了多少水；假如没有壶嘴，里面的水倒不出来；假如没有壶盖，水容易凉，也容易被污染；假如没有壶柄，搬运这壶水就困难得多，当里面装着开水时，你根本无法摸它。小小的茶壶部件都各司其职，更何况比茶壶复杂得多的企业。所以企业需要有自己的朋友，要有自己的同盟，互通有无，互相协作，互相支持。

而结交朋友，建立同盟，不能一厢情愿，一切还必须靠势力说话。

俗话说得好："穷在闹市无人问，富在深山有远亲。"当你羽毛未丰之时，人们都躲着你，甚至于视而不见；然而当你形成势力的时候，所有的人都会青睐你，银行更会把你奉为座上宾，更别说那些合作者了。到那时，你就可以把同盟资源整合成同盟资本，"门庭若市"将成为真实的图景，你做什么都会游刃有余。同盟资本是势力的扩张平台。

3. 从人才资源到人才资本——势力经济的"镇山之宝"

古人说，天时不如地利，地利不如人和，可见人是所有因素中第一位的因素。这一点，在中国古典文学名著《三国演义》中得到了充分的体现，董卓、袁术、袁绍、刘表都是嫉贤妒能之辈，他们在政治舞台上只能昙花一现。而刘备、孙权和曹操都是礼贤下士、网罗人才的高手，在激烈的竞争中，他们得以由弱到强、由小到大，组建有影响力的团队，并建立自己的国家。与这三位开国者相比,那位料事如神的诸葛亮则稍逊一筹,他更像一个孤胆英雄,他没有像他的领导者刘备那样培养一个众志成城、战无不胜的团队。随着刘备和五虎上将的一一去世,诸葛亮只能靠一己之力苟延残喘。当他六出祁山、北伐中原的时候,面对的只能是"蜀中无大将,廖化作先锋"的惨淡局面。

随着人们经济意识的普遍觉醒,人才的重要性日益突显。一个企业要想避免"诸葛亮化",就必须想方设法寻找自己的人才资源,扩大自己的人才资源,并把人才资源整合成人才资本。如果没有"天下英雄尽入吾彀中"的胸襟,是很难发展自身势力并形成势力经济的。

4. 从客户资源到客户资本——势力经济的立业之本

任何产品都是为了销售制造出来的,没有一个企业家是孤芳自赏、自娱自乐的。任何产品都必须有自己的市场,而市场由什么构成?由客户资源构成。没有客户,就没有市场。客户在哪里呢?在茫茫人海中,在滚滚人流中。因为人流是万富之源、万业之本。有了人,就没有什么不能创造出来的奇迹。曾经听过这样一个故事,一座新的城市兴建起来了,但是这里还缺少一所大学。得此消息,一位著名企业家慷慨捐款建立了一所大学。当地政府问这位企业家要什么回报?企业家说,我什么都不要,你们只要让我在大学周围建立一些餐馆、咖啡店、商店、书店、服装店之类的配套设施就足够了,当地政府自然满口答应。

然而这正是这位企业家的精明之处,实现了"今朝栽下梧桐树,不愁没有金凤凰"。大学一开学,这位企业家就忙得不亦乐乎。大学生普遍没有自己的收入来源,经济上大都依赖父母，根本没有节约的概念，花起钱来大手大脚，加上又正处于谈情说爱的年龄，消费能力极强。大学生们带来的商机让企业家欣喜不已。咱们可以算一笔账，假如这所大学有1万名学生，每人每天消费30元钱，那么一天的营业额就是30万，一年就是1亿元。长此以往，这位企业家所得到的利润，将是一个天文数字。这位企业家之所以能这样精明，就是因为他充分认识到，人流是万富之源、万业之本。明白了这一真理，就可以使尽全身解数吸引人流、留住人流、说服人流，并把客户资源变成客户资本。如今是一个电子商务时代，电子商务实现了购物不出门，似乎分散了人流，但事实恰恰相反，电子商务使人流更加聚集，就像网易公司当年广告中所说的"网聚人的力量"。我们知道，天安门广场是世界上最大的城市广场，它南北长880米，东西宽500米，面积达44万平方米，可容纳100万人举行盛大集会，堪称广场中的王者。然而与网络相比，这100万人流根本算不了什么。就拿阿里巴巴的支付宝来说吧，它的用户数就是一个天文数字，2010年3月14日，支付宝宣布其用户数正式突破3亿，占中国网民总数的一大半。这意味着什么？意味着中国的绝大多数网络购物都要通过支付宝。如果支付宝的全部用户集中起来有多少？得300个天安门广场才能容纳得下。难怪马云成为一个奇迹、一个神话，成为50多年来《福布斯》杂志封面上第一位来自中国大陆的企业家。因为马云拥有数量巨大的客户资源，他轻轻转一下眼珠子，动一下手指头，都可以从这么多的用户身上赚到大把大把的钱。

再譬如即时通信软件腾讯QQ，它虽然只是国外同类软件ICQ的山寨版，然而用户惊人，如今注册用户竟然有10亿人之多，最高同时在线帐户数竟然超过1亿。仅从人数来看，QQ可能是世界上用户最多的产品。拥有了这么多人，就像拥有了这么多的员工，这么多的军队，QQ 的开发者腾讯公司可以源源不断地从他们身上赚取银子了。以 QQ 为依托，腾讯公司先后推出了许多相关收费项目；随着手机的普及，腾讯公司又推出了手机 QQ，真是赚钱赚到步步为营的地步了。

所以说客户资本是势力的立业之本。

5. 从媒体资源到媒体资本——势力经济的传播通道

影响力和势力带来的另一个好处就是使企业的媒体资源得到无限扩张。现代社会是信息社会，所有的企业都是信息发布者，而所有的消费者都是信息接收者，这中间需要一系列媒体资源。只有拥有了媒体资源，你的信息才能有效地发布出去，进入千家万户，并形成影响；否则你的信息再多，创意再好，也只能锁在深闺人未识，只能停留在幻想阶段，而无法落在实处。占有了媒体，就拥有了媒体的影响力、吸引力和生产力。那些形成自身势力的企业，总是比其他企业更容易成为媒体的宠儿。他们一举手一投足，都能引起媒体的炒作兴趣，媒体必定会亦步亦趋进行报道，成为新的新闻热点。因为他们关系到经济趋势，影响到股市行情，左右着消费潮流。他们已经不属于他们自己，而是属于全世界。而在媒体频频曝光，又使企业符号价值不断增加。从可口可乐、麦当劳到微软、英特尔……无一不是这样。所以我们一定要重视媒体资源。当今时代，一方面是一个信息爆炸的时代，另一方面又是一个信息封锁的时代，一不小心，你的产品、你的企业就会被其他信息的汪洋大海所淹没。要想在如林的强手中脱颖而出，你就必须拥有广泛的媒体资源，并巧妙运用，使之转换为媒体资本。现在许多企业都要发布新产品，出现问题还需要进行危机公关，这就更加要与媒体搞好关系。只有这样，方能在最合适的时间、最合适的版面以最合适的价格向公众展示你最合适的形象,并引起最合适的反响,免于臭名远扬或者默默无闻。因为媒体处于"一夫当关,万夫莫开"的有利位置上,这就是媒体资本的重要所在。

媒体资本是势力的传播通道。

十、强势
——势力经济的终极效果

最佳资源、最佳整合、最佳运作，必然会使影响力、吸引力和生产力最大化。这种巨大影响力、吸引力和生产力可以从政治、经济、文化三个层面上体现出来。

1. 经济效益——势力经济的核心

势力可以使企业获得无法估量的经济效益。它使企业投资回收更快、回报率更高、影响力更大。以好莱坞为例，风靡全球的《泰坦尼克号》票房高达18亿美元；《蜘蛛侠》三部电影票房高达25亿美元……其他电影诸如《星球大战》《侏罗纪公园》《阿甘正传》《拯救大兵瑞恩》《阿凡达》等，无一不是快速运转的"印钞机"。这些电影精品不仅在美国本土连连告捷，在全世界也横行无阻。据统计，全球正在放映的电影中85%都来自美国好莱坞。好莱坞就是视觉文化产业的标志，是市场得胜的保障，这就是神奇的势力。据统计，在每年美国商品的出口项目当中，各种视听产品的出口额仅次于航空业和食品业。

其实如果好莱坞仅仅是优质电影、电视剧和动漫的制造者，那么它也没有什么惊人之处。最引人注目的是，作为世界视觉文化产业的大本营，好莱坞占据着居高临下的优势，引领各个产业，衍生各个产业，推动各个产业。20世纪末，美国夏威夷地区旅游很不景气，有关方面决定拍一部电影以提升当地的人气，这就是《珍珠港》。由于投资充足，策划周密，电影一经推出，就迅速征服世界影坛，票房利润飙升。随着这部电影的热映，一阵"跟着电影去观光"的旅游热潮大规模兴起，投资者如愿以偿，夏威夷旅游业随即起死回生，而且复活得很强势。围绕夏威夷，一个横跨影视、旅游、交通、餐饮、服装、地产、新闻、广告、会展、制造等多个行业、多个领域的巨大产业链跟随着建立起来，运转起来。

至于制作了包括《米老鼠》《唐老鸭》《史努比》《狮子王》《变形金刚》等一系列的迪士尼公司，更是建立产业链的高手。事实上，迪士尼早已是一个制造产业链的"魔术师"、一个领导产业链的"司令部"。多年来，迪士尼的内容包罗万象，它是动画片，它是玩具，它是食品，它是饮料，它是文具，它是服装，它是教育，它是音乐……至于迪士尼乐园，更是全世界儿童向往的乐土。正是由于迪士尼巨大的品牌价值，以至于它能在世界上任何地区大受欢迎，难怪香港建迪斯尼乐园时，迪士尼要收取40%、高达100多亿的授权费，因为迪士尼的牌子就值这么多钱！

好莱坞的成功经验，启发了我们的近邻韩国。韩国在1997年亚洲金融危机中遭到重创，外汇储备落到谷底，众多大财团解体，10多家银行关门，公园里徘徊着失业人群……而另一方面，美国文化和日本文化正在占领着韩国的文化市场。在这一背景下，金大中总统领导的韩国政府总结以往的教训，提出了"文化立国"的政治方针。韩国决定重新调整产业格局，把文化产业尤其是视觉文化产业确定为振兴发展韩国经济的战略支柱性产业。这一时期，韩国政府许多部门都在裁减，只有文化部门不减反增。除增加预算外，1999年韩国国会还通过《文化产业促进法》，给予文化、娱乐等产业以推进协助。1997年，设立文化产业基金，提供新创文化企业贷款；1998年，成立游戏产业振兴中心；2001年又成立文化产业振兴院，该院每年可得到政府5000万美元的资助。为了促进文化产品的出口，政府还特别成立影音分轨公司，对韩文翻译为外语和制作的费用几乎给予全额补助。在组织管理、人才培养、资金支持、生产经营等有关方面逐步加强机制建设，对文化产品的研发、制作、经销、出口，实施系统性扶持。比如有计划地扶植影音产业，不仅提供融资机制，同时也通过基金会模式，实际投资电视、电影公司。此外，韩国政府还以各种政策手段，大量引进民间创投资金押注在本土的影视文化产业上。对外，即使面临美国好莱坞片商频频抗议的外交压力，政府仍旧坚持采取进口影音产品配额制度，强撑了10年，为本国业界留下了发展的空间……这一系列措施立竿见影，不到5年时间，韩国再次崛起。在政府推动下，2001—2006年，以韩剧为先锋的韩国文化产品的出口平均每年增幅达到了31%，成为举世瞩目的"韩流"，势力非常巨大。电视剧《大长今》更是创造了一个收视神话。如今，《大长今》虽然已经退出我们的视野，但是之后更多的韩国电视剧进入我们的眼帘。剧中人物的生活方式正在成为我们的生活方式；剧中人物的生活观念正在成为我们的生活观念。韩剧已经成为一种不容回避、不可阻挡的势力。韩剧的大量出口，打开了韩国产品的国际市场，不仅使韩国成为一个文化出口大国，也使韩国成为一个贸易大国。势力经济带来的经济效益由此可见一斑。

2. 政治效益——势力经济的前提

没有单纯的经济，也没有单纯的政治，所有的政治行为，都带有浓厚的经济目的；所有的经济行为，也都包含着巨大的政治成分。任何国家与国家、民族与民族之间的交往，都不是一板一眼地做生意，而是双管齐下，鱼与熊掌兼得，既有经济目的，也有政治目的。经济目的只是表象，政治目的才是实质。政治目的达到之后，可以更好地实现经济目的。

这一点在郑和下西洋这一历史事件中所有体现。按照普通人的眼光看，郑和下西洋实在是一个令人无法理解的疯狂之举。然而这是对中国强大势力的宣传，虽然经济上有所损失，但这些损失在巨大的政治效益面前，就显得微不足道了。通过郑和七下西洋，中国的大国之威、大国之名给各国人民留下了极为深刻的印象，各国与中国的政治联系和经济交往双双都得到了极大的加强。

好莱坞的百年演变史也可以说明这一点。20世纪20年代初，第一次世界大战结束，欧洲受到沉重打击，刚刚诞生不久的欧洲电影也受到重创。作为这次战争的最大赢家，美国抓住这一机遇，大量出口美国电影。1919年，好莱坞第一次做出了出口影片的预算。20年代初期，美国已经成功地向英国、澳大利亚、阿根廷、巴西等国出口电影。据美国商业部1939年年终报告的统计，美国向全世界出口的影片占当年世界各地放映影片总数的65%。自然，美国不会因这些电影经济目的的实现而沾沾自喜，他们还想把手伸得更长，控制世界政治。事实也是如此，这些电影使各国人民普遍对美国"世界警察"身份表示默认。

第二次世界大战以后，美国又一次成为战争中最大的赢家，成为世界上首屈一指的超级大国。美国推出了"马歇尔计划"，随着美国对世界经济的大规模控制，美国也赢来了政治上的节节胜利。美国中央情报局元老艾伦·杜勒斯曾说过这样的名言："如果我们教会苏联的年轻人唱我们的歌曲并随之舞蹈，那么我们迟早将教会他们按照我们所需要他们采取的方法思考问题。"美国不仅利用"星球大战"计划拖垮了苏联这一超级大国，还在世界人民心目中留下了深深的美国烙印。

好莱坞的政治目的，达到了无孔不入的程度，甚至连迪士尼动画片这一貌似充满幻想、纯真与欢乐的片种，在文化输出中也承担了巨大的外交使命。迪士尼动画片一个重要的功能就是积极配合国家官方意识形态，进行文化宣传，因而迪士尼影片在生产上获得了国家的极大经济支持。那些充满童趣的迪士尼影片的生产制作，并不是为了幻想、纯真与欢乐，而是作为隐形的外交牌照，为促进世界各国与美国的亲和而制作。

如今，好莱坞已经成为世界上绝大多数人不可或缺的文化生活必须品，据统计，全球正在放映的电影中85%都来自好莱坞。而好莱坞电影所营造的"美国形象"，更是受到了各国青年人的热烈追捧，无论是欧洲贵族，还是非洲贫民，都无法忽视美国形象。可以说，在宣传美国国家形象方面，影视、动漫等视觉文化产品所扮演的角色，远远胜过千军万马。它们可以到达军队未曾到达的地方，实现军队不能实现的目标，造成军队不能造成的影响。视觉文化产品所营造的强大势力，轻而易举地帮助美国达到了单纯的经济战、军事战、外交战所不能达到的目的。

势力经济带来的政治效益真是令人惊叹！

3. 文化效益——势力经济的命脉

中国有两个成语，一个叫"东施效颦"，一个叫"邯郸学步",这两个成语是影响力的最佳解释。人们为什么要模仿西施皱眉,模仿邯郸人走路?因为西施和邯郸人成了标准,拥有巨大的影响力,以至于人们纷纷模仿。这就是文化无与伦比的影响力。

　　文化是一个民族的灵魂。一个民族无论处于什么样的逆境之中,只要它的文化仍然保留着,那么它在未来的日子里仍然有希望。遭受几千年迫害的犹太民族至今仍然生机勃勃,经历无数次动荡的中华民族仍然自强不息,都是因为文化的软性力量。因为文化可以保存一个民族的血脉,保留一个民族的火种。

　　二战之后,美国到处插手,搞得天怒人怨、内忧外患,但它在朝鲜、越南、伊拉克都没占到便宜。然而如今,美国文化却成为世界主流文化,虽然美国未能通过武力征服人心,却通过数不胜数的视觉文化产品,形成了势力经济、势力文化,狂轰滥炸般的宣传,已经在世界人民的心目中,构筑了良好的美国形象。在许多年轻人眼里,美国的一切都是最好的。美国是一种象征、一个标准,因为美国文化已经深入人心。如今,无论你来自何方,身在何处,只要你懂得英语,马上就可以找到自由交谈的伙伴,交到亲切的朋友,获取最新的信息,因为英语已经成为世界语言。而普及英语的最大功臣,就是无孔不入的美国电影、电视剧和动漫。

　　无独有偶,日本动漫和韩国影视,也在宣传他们本民族的传统文化方面起到了巨大的作用。

　　近30年来,日本动画片在中国影响甚大,《铁臂阿童木》《森林大帝》《花仙子》《聪明的一休》《凯蒂猫》《多啦A梦》《天空之城》……一部部,倾倒观众无数;一集集,获得利润过亿。

动漫产业，在日本的国内生产总值（GDP）当中已经超过了 10 多个百分点。这些动漫作品的传播，使日本登上了"动漫王国"的宝座，使日本民族赢得了许多民族的尊敬，使日本文化获得了许多民族的关注。这些年来，日本人之所以能拥有良好的国际形象，与日本的经济发展和科技进步有关，更与日本的动漫产业有关。正是由于日本动漫产业所形成的势力经济，日本文化的知名度和美誉度才直线上升。

在这方面，韩国也是胜利者。十几年前，一部韩国电视剧《大长今》在中国热映，形成了一股来势凶猛的巨大韩流，人们街谈巷议，都被剧中的故事和人物所迷住。《大长今》不仅在亚洲引起轰动，在美国也掀起了"大长今热潮"。在纽约，不仅 DVD、CD 和小说热销，结婚照相馆里也出现了长今新婚服装。更让人吃惊的是，很多人来到整形外科，要求整容医生把她们的脸型变得和长今的饰演者李英爱一模一样……事实上，近年来，韩剧已经成为一股不可遏止的势力。一时间中国大地上吃韩国烧烤、穿韩国产的服装、用韩国产的化妆品成为潮流，许多人开始学习韩国语言，并形成了"哈韩族"。文化效益是势力经济的无形利润，是势力经济的命脉，可惜在此方面，我们还有很长的路要走。

4. 符号效益——势力经济的识别系统

除了以上经济效益、政治效益和文化效益以外，势力经济还可以带来巨大的符号效益，或曰符号价值。势力经济可以提升一个国家、一个地区、一个企业的符号价值。

符号价值虽然听起来很抽象，但是在现实中，它却又非常具体，因为符号价值可以提升信用，信用虽然是无形的，却可以兑换成有形的货币。如果你在银行里有了不良记录，在贷款时银行征信系统会亮起红灯，因为你已经进入了黑名单。假如你信用良好，银行则会把你奉为座上宾，利率方面也会大大优惠。可口可乐公司董事长伍德鲁福之所以能口出狂言，说哪怕可口可乐公司在大火中化为灰烬，各大银行也会争先恐后为他们提供贷款，就是因为可口可乐拥有巨大的符号价值。可口可乐的符号价值，远远超过那些看得见摸得着的资产。我们日常生活中说这个名牌那个杂牌，名牌其实就是拥有更大符号价值的产品和企业，杂牌就是符号价值很小的那些产品和企业。

在物理学上有个概念叫作"重力加速度"，其实在经济、社会和文化领域也是如此，当你拥有一定程度的影响力之后，一切都会形成良性循环。你的销路越大，经济效益越好，符号效益也就越好。那些真正的名牌，在实现良好销售业绩的同时，还会同时收获好名声，有形资产和无形资产的增加，都与时俱进。巨大的影响力和强大的势力，可以增加产品和企业的符号效益，且能使之以几何级数增加。最终，你的产品和企业将成为某一行业、某一时代的代名词。

所以发展势力经济可以带来无比巨大的符号效益。

十一、结语
——21世纪是多元共存的世纪

1. 国际经济形势——"人类命运共同体"

由美国"次贷危机"引发的2008年国际金融危机,一度使西方世界陷入一种多年未遇的困境。这种困境既有经济上、社会上的,也有文化上的,还有政治和外交上的。西方特别是美国的无敌神话正在被打破。西方文明的疾病不能靠西方文明自身疗救,西方只有把目光转向东方,才能找到精神的新大陆。而印度文化、日本文化、伊斯兰文化和中国文化等,都纷纷引起他们的关注。在这所有的东方文化中,最有吸引力、最有生命力、最具竞争力的是中国文化,尤其是中国文化中天人合一、道法自然、重视家庭、中庸之道等传统观念,更是西方文化的一剂解药,其同化力、融合力、延续力和凝聚力都十分惊人。由中国文化所维系的中国经济,正在对全球产生着无与伦比的影响力和吸引力,它对世界经济也正在发挥出越来越重要的作用。中国也不再像过去那样被当成一个廉价原材料和劳动力的供应者以及倾销市场,中国企业正在从劳动密集型企业向智慧密集型转型。人们对中国抱着更多的期望,期望中国成为西方的拯救大兵。可以自豪地预言:中国正在逐步成为全球第一大经济体。

一切的一切对于中国来说，是一个前所未有的机会。

2. 国内经济现状——从传统产业到文化产业的转型

自 1978 年改革开放以来，中国已经逐步完成了从计划经济到市场经济的跨越，所取得的伟大成就，有目共睹。经过 30 余年的光辉历程，中国的国力日益增强，中国经济在世界上达到举足轻重的位置，中国文化也将在世界上达到举世瞩目的地位。在全球化的今天，中国的影响力、吸引力和生产力不断彰显。近年来，中国更是发生了一系列惊天动地的伟大事件，第 29 届奥运会在北京成功举办；"神舟七号"胜利上天，中国进入航天新时代；2010 年，世界博览会在上海成功举办……

2008 年，一场金融危机席卷全球，中国经济也被推到了一个前所未有的位置上。在我们的前方，既有挑战，也有机遇。

这次金融危机成为中国经济从实体经济向文化经济转型、从规模经济向势力经济转型的一个分水岭。在这次金融危机中，国内那些高能耗、低产出的劳动密集型企业和行业，由于主要市场大部分都在欧美国家，一直处于严重依赖的被动地位，未能形成巨大的影响力、吸引力、生产力和势力，这次受国外经济形势影响，损失比较严重。而文化产业特别是视觉文化产业虽然起步较晚、规模较小，然而由于它是低能耗、高产出的智慧密集型行业，虽然还未能像好莱坞那样形成巨大的影响力和势力，然而仍然能保持独立的、主动的地位，受国外市场影响甚小，并在危机中仍然保持较为良好的势头，有些企业甚至表现出比以往更好的发展势头。

之所以出现这种局面，是因为文化产业是所有产业中的一个"特区"，经常不受传统经济规律的制约。从西方历史来看，世界经济呈现出一种"华尔街哭，好莱坞笑"的规律。根据专家研究，好莱坞建立以来，西方出现的四次经济低迷时期，恰恰是好莱坞票房的飙升时期。20世纪20年代的经济萧条，培养出了秀兰·邓波儿这样的超级童星和其他一系列电影明星；70年代的石油危机，为斯皮尔伯格、卢卡斯这样的著名导演提供了成功的跳板；而21世纪初的纳斯达克股灾，也使好莱坞赚得盆溢钵满。欧美出现过的案例，亦在亚洲重演。20世纪末的东南亚金融风暴，使日本的游戏产业迅速崛起，使韩国的影视产业突飞猛进。2008年暴发的全球性金融危机，也在世界各国引起了同样的效应。在这次危机中，法国文化事业没有遭遇危机。2008年，卢浮宫、蓬皮杜艺术中心和凡尔赛宫的参观人数均创新高；法兰西歌剧院的票房收入也创下新高；电影院接待观众人数比上一年提高6.2个百分点……2009年法国文化部预算达28.1亿欧元，2010年为29.21亿欧元。而在英国，文化创意产业在英国国内生产总值中的比例已达8.2%，其增长速度是整个国民经济增速的两倍。创意产业的出口增长更为迅速，平均年增长率达到11%。现在全英国与创意产业相关的企业超过15万家，创意产业吸纳的就业人数占英国就业人口总数的8%以上。目前伦敦文化创意的一年产值达210亿英镑，成为伦敦第二大支柱产业。

相形之下，中国有些后知后觉，既跟不上中央政策，也跟不上世界形势。出现这种情况，与许多企业家观念保守、缺少宏观眼光、过于看重实体经济有关。实体经济多数都是以传统手段整合自然资源的经济，无论整合对象，还是整合手段，都有待于优化与升级，即向文化靠拢，向文化迁徙，向文化转型。

在目前的经济形势下，传统行业应该充分利用这一时机，转战视觉文化产业，投资视觉文化产业，以视觉文化产业维护、拓展和提升传统产业，实现从规模经济到势力经济的转型。这样的机会你不去抓，必然会被别人抓住，让你追悔莫及。

3. 文化输出与人的输出——不沉的"航空母舰"

势力经济不是一个单纯的经济概念，它应该是国家大战略的一部分。发展势力经济，也不是一个单纯的经济行为，它应该是一个国家建设、国家发展的系统工程，需要经济界、文化界和政治界的多方联合与配套支持，对于好不容易摆脱一个世纪的苦难、向美好明天迈进的中国而言，更是如此。

正如前文所分析的，目前的国际和国内形势向中国提出了巨大的挑战，也提供了难得的机遇。然而如何应对挑战，如何抓住机遇，还需要我们14亿人的努力。努力不是盲目的行动，我们必须转换思维方式，我们必须走出思想误区，从单一思维向多元思维转换。

根据对历史的观察和研究，不难发现，国家与国家的交往、民族与民族的交往，都是输入与输出的关系，一种伟大的文化不仅要具有海纳百川的引进型胸怀，更应具备润泽万方的输出型魄力。保持了5000年悠久与辉煌的中华文化正是这样的文化。然而进入近代以后，中华文化无论在输入方面，还是在输出方面，都失去了原有的活力，导致了一个世纪的被动与屈辱。

进入20世纪后半叶，中国开始改革开放。此后的30余年，中国以输入为主，中华文化也要以输入为主，要把过去100多年中未能好好补的课全都补上。经过30年的恢复，中国开始产生了输出的需求。如果仅仅输入而没有输出，中华文化的本质就会发生变异。输出可以是各种形式、各个层面的，有政治输出，有经济输出；有技术输出，有产品输出；有文化输出，有思想输出；有制度输出，有生活方式输出；有物质文明的输出，有非物质文明的输出……然而片面强调任何一种输出，都有一定的内在缺陷。完美的输出应该是综合性的输出。而文化输出和人的输出显得尤为重要。

翻开中国古代史，可以看到，中华民族多少年来承受了许多次打击甚至是灾难性的打击，中华文化也因之承受了多次血与火的冲击，最后，中华民族却生存了下来，中华文化不仅没有毁灭反而得到了发展与丰富。与此相反，那些对中华民族和中国文化构成冲击的民族和文化却被打败、同化甚至完全消亡了。这是为什么？这是因为我们的祖先深深懂得两种输出，一是文化输出，一是人的输出。

文化的生命力比国家、军队更强、更久，这已经在历史上一次又一次得到证明。在中国历史上，无论是鲜卑族统治的北朝时期、蒙古族统治的元朝时期，还是满族统治的清朝时期，都没能灭绝中华文化。无论这些时代的统治者如何殚精竭虑，想让他们的文化占据上风，甚至通过残酷的政策手段加以强制，然而文化却并不买这些帐，仍然自在地生长。中华文化很快成了这些朝代的主流文化，并将那些想改造和消灭它的文化完全同化。

如今中国彻底摆脱了西方殖民的阴影，以全新的形象屹立于世界面前，这时候我们更应当拿出我们持有的文化自信，加强文化输出。只要你的文化输出到了一定的程度，成为人们的生活方式，那么以后就会成为一种标准，成为一种习惯，甚至成为一种本能。为什么中国周边的国家如日本、韩国、越南、新加坡等对中国文化那么情有独钟？这是我们的老祖先注重文化输出（包括人的输出）的结果。文化输出，不是喊口号，不是赶时髦，而是关系到子孙万代的大事。

另一种输出就是人的输出。人们普遍认为，当今世界的竞争，是实力的竞争，是技术的竞争，是资本的竞争，是军事的竞争，是文化的竞争……岂不知道，这一切的背后，仍然是人的竞争。正如毛泽东所说的："世间一切事物中，人是第一可宝贵的。在共产党的领导下，只要有了人，什么人间奇迹也可以创造出来。"人是纲，其他一切都是目；人是渔，其他一切都是鱼；人是本，其他一切都是标。有了人，就有了一切；没有人，就失去了一切。在历史上，中国多次面临危难，甚至是亡国灭种的危难，然而中国却顽强地挺了过来。这除了归功于中华的坚韧，还要归功于中国人多，人口资源丰富、人口资本强大。在历史上，中国不仅一直是政治上的大国、经济上的大国、科技上的大国和文化上的大国，还是人口上的大国。俗话说"人多势重""人多力量大"，道理就在这里。如果不是这一点，中国不可能历经那么多灾难却延续下来，而且以人口大国的姿态延续下来。

未来，中国要想制造巨大的影响力、吸引力和生产力，除了要注重政治、经济等方面的输出以外，仍需考虑人的输出，使中华民族面对世界上任何民族都保持人口上的巨大优势。中国不仅应该成为人口大国，还应该成为人口迁徙的大国，即移民的大国。这就需要对已经执行了多年的计划生育政策进行与时俱进的调整。在过去的30多年中，我国一直实行计划生育政策，这是非常及时、非常必要、功莫大焉的。如果不是计划生育政策，中国在过去的30余年中将会因巨大的人口包袱而多走许多弯路。然而一切真理都是相对的，都受制于当时的各方面条件。随着外界环境的变化，一切也需要进行调整。以计划生育政策为例，我认为它已经完成了其伟大的阶段性使命。

目前，中国社会经济已经发生了变化，国际局势也与过去不同，在某些地方甚至出现了人口负增长的趋势。如果仍然盲目管制生育，长此以往，那么在未来，中国必然出现一个老龄化时期，那时候中国积累了多年的人口红利会很快被消耗一空，那时候劳动力锐减；消费性人口比例加大，而生产性人口比例缩小，将大大影响到劳动生产率，严重削弱我国的经济竞争力，制约我国国民经济的可持续发展。

这还不是最严重的，更严重的是，随着这批老龄化人口的自然死亡，中国还将进入一个人口锐减时期，中国将像经历战争浩劫一样失去巨大的人口资本。而这给中国政治、经济、文化带来的影响，将是一场可怕的强烈地震。

所以说计划生育政策需要调整，在这样的时代，在经济发达的一线城市里，要容许一部分人多生，鼓励一部分人多生，千万不能像过去那样一刀切。这其实不是个人看法，这也是有理论依据的。根据人口理论学，要保持一个种族目前的人口数目，出生率最少不能低于2.08，而我国是远低于这个比例的。有一种说法，是说中国的人口密度太大，养活不了这么多人。其实这种说法不经一驳，日本人口密度远超中国，人均生产力水平却远高于中国。我认为，只要生产力得到大幅度的发展，中国是绝对有能力养活这么多人的。

另外，我们不应该再抱着"父母在，不远游"的古老观念，我们不仅应该鼓励多生，还应该鼓励多走，中国人可以用移民的方式向外输出。如果一个家庭有一个孩子，这个孩子出了国，他可能会忙于两头奔波，既不能很好地沉下心来搞事业，也不能很好地在父母、岳父母四位老人跟前尽人伦，更难以进入主流社会。然而如果一个家庭生了两个、三个孩子，有的出国，有的留守，那么出了国的这一个一定会专心工作，会有更多机会进入所在国的重要领域、占据重要位置，参政、议政、从政，会优先考虑祖国的利益。所以我们可以在经济文化发达地区鼓励多生，鼓励出国，用出国的方式消化掉这些多生出来的人口，解决城市扩张过程中出现的人口密度过大的问题。这么多的人出国，自然而然会成为中国的"形象大使"，走到哪里，就把中国文化传播到哪里，把中国人的生活方式传播到哪里。如果他们在国外获得荣誉，进入经济科学和政治重要领域，我们的国家还应该奖励他的父母。既然青年入伍参军，在部队上立了功，家乡能为他的家庭挂大红花，那么出国人员在国外获得成绩和荣誉，祖国也理应表彰他们的家人。假如中国有1亿、2亿人在海外，成为经济界、文化界甚至政治界名流，那么中国的国际形象如何？国际影响力如何？一切不言自明。

这些年来，我们一直关注航空母舰，其实航空母舰可以是有形的，也可以是无形的，有形的航空母舰诚然重要，然而无形的航空母舰也不应放弃，这就是人。有形的航空母舰是纯粹的投资，需要少则几十亿、多则上百亿的资金，永远没有直接收回投资的机会，而且会引起国际社会的警惕；而建造无形的航空母舰，进行人的输出，则是小的投资，可以有多倍的回报，而且会树立良好的国际形象，增加中国在国际社会上的亲合力。在这个意义上，人是永不沉没的航空母舰！中国应该很好地建造"人的航空母舰"，派出"人的航空母舰"！

我们目前正处于一个风起云涌的大时代，这样的大时代是一个豪杰辈出、奇迹叠现的时代。时势造英雄，一切有志于凭借自身勇气与智慧创出一番事业、有志于投身中华民族伟大复兴的人士，都应该凭借这个时代，投身于中国的文化产业大潮，特别是投身于中国的视觉文化产业，并运用各种金融平台把它做强做大，将其巨大的潜力挖掘出来，使其强大的影响力发挥出来；让其迷人的吸引力释放出来，使其无限的生产力解放出来，聚合成为无与伦比的势力经济。因为没有势力，就没有发展；没有势力，就没有和谐；没有势力，就没有未来。

后记
——架起一盏明灯

我出生在 20 世纪 60 年代，与到处火树银花、夜生活如此发达的今天相比，那个年代是一个缺少光明的年代。别说夜间照明，绝大多数人连饭都吃不饱。然而黑暗无法阻挡人的想象力，反而给人插上了想象的翅膀。那样的年代造就了我喜欢想象的性格。当年有一个人们耳熟能详的广告："人类失去联想，世界将会怎样？"我想，这个广告的撰稿人肯定也经历过我经历过的那种黑暗。

是的，人类不会失去联想，中国人也不会失去联想，而我的想象也和那些经历过黑暗的人们一样，丰富而发达。

我认为改革开放就是那个年代最伟大的想象。20 世纪 70 年代末，被禁锢了太久的中国人，忽然一下子从梦中醒了过来，既懂得了向前看，也懂得了向钱看。激情澎湃的我，也有幸在 20 多岁就进入企业领导岗位，试图一展宏图。在南征北战的辗转中，我大脑中的机器不断高速运转，希望找到一条道路，能做更多的事，不仅能使自己的能力得到发挥，使自己的人生价值得到实现，更能把自己的家乡与祖国建设得更加美好，给更多人带来成功与幸福的机会。多年来，我涉足过不同领域，经营过不同企业，有过巨大的成功，也有过惨痛的失败。在经历了世界的精彩、积累了一些实力和资源之后，我最不能忘怀的是自己的故乡。

我的故乡是湖南一个山青水秀、风光旖旎的地方。故乡虽美，却因为地处偏僻，观念封闭，许多人陷于长期贫穷的局面，没能像珠江三角洲和长江三角洲那样得到充分的开发。

让我产生巨大激情与奇妙想象的是故乡的一个溶洞。那个溶洞集天下洞穴岩溶景观之大成，除了千姿百态的石乳石外，里面还有几乎所有钟乳石类型、形态的沉积物，且规模巨大，品种繁多，五彩缤纷。这样的溶洞，在国内十分罕见，在世界上也不多，旅游观赏与科研价值极高。只是与其他风景名胜相比，这里的历史文化和人文文化资源尚不够丰厚，尚需要进一步的挖掘与开发。我相信我有这个能力，在极短的时间内使它焕然一新。这个溶洞有一段历史，这里曾是轰动一时的电视剧《西游记》的拍摄地之一。电视剧的热播提升了这里的知名度。可惜由于山高路远，加之经营无方，配套设施做得不够，这里的旅游潜力一直未能得到充分的挖掘。

当我回到故乡时，被这里的脏、乱、差吓了一跳，这根本就不是电视剧中展现的那个洞天福地。羊儿在这里吃草，母鸡在这里下蛋，猪、狗、牛随处可见，遍地都是动物的粪便及其发出的刺鼻异味。正对着溶洞的大门，是一片低矮的农民住宅和禽畜圈栏，这么大煞风景的"原创"，一直未能改观。

那时的我已经对视觉文化产业产生了浓厚的兴趣，我发现，在宣传地区知名度方面，影视文化产品有着无与伦比的巨大优势。半个世纪前，中国先后拍摄了《五朵金花》《刘三姐》等影片，由于这些影片广泛流传、深入人心，故事发生地云南大理和广西漓江名声大振，吸引了无数游客前来。改革开放初期，中国又拍出一部《庐山恋》，影片上映之后，登庐山的游客激增，庐山旅游大热。1982年，中国大陆第一部武打电影《少林寺》上映，此剧开了国内武打电影的先河，《少林寺》迅速红遍全球，而河南登封市也成为著名旅游城市。我不也可以在家乡这样大干一场吗？我为这里量身订做了一系列方案，并豪情满怀，准备一一实施出来。

　　成功可以复制，经验也可以拷贝，但这不是简单的邯郸学步、东施效颦，而是一个"吃猪肉、长人肉"的过程。如果说过去《五朵金花》宣传云南大理、《刘三姐》宣传广西桂林、《庐山恋》宣传江西庐山、《少林寺》宣传河南登封都是自发行为的话，那么我为故乡量身订做的这一系列设计，都是谋在先、行在后的自觉行为。我相深信我可以做得更好！

　　随后，我又推出了一系列改革措施。很快，脏、乱、差的情形减少了，这个溶洞以一个全新的面貌迎来了一批批游客。为了提升这里的旅游档次，我还引进了许多名贵树种，使这一带除单调的绿色之外，又增加了其他丰富的色彩。作为一个潜心研究影视文化的企业家，我对电视广告当然也不会忽视。我在电视台做了一个电视广告，这一广告给观众带来了许多全新感受，引发了无限遐想，一时之间，各地游客蜂拥而来。美中不足的是，这里白天热闹非凡，可是到了晚上却冷冷清清。与外面相比，这里的夜格外地静，静得没有声息，没有利润。我又开始动起脑子，人类都要遵循"日出而作、日入而息"的规律，然而赚钱的机器却是什么时候都不应该停止的。如何让漫漫长夜变得热闹、有趣、刺激，这是一个值得深入思考的问题。突然，一个念头像一道强光，照亮了我的心灵：在这里架一盏灯！稍懂一点常识的人都知道，只要是生命，就都有趋光性。光明能吸引葵花，也能吸引飞蛾，当然也能吸引万物之灵长的人类。溶洞景区的夜晚太静，这里的夜太黑。如果有了光明，情况肯定会有所改变。假如架一盏灯，把周围都照得亮如白昼，那将是一番什么样的情形呢？

说干就干，我花巨资购进一座高达30多米的高架灯，安装在山上，彻夜不灭。太阳一落，灯就亮了，方圆几公里被照得一片光明，那山那树，比白天还要好看，就连树影花影也都格外妩媚。人们惊讶不已，这到底是怎么回事？自古至今，这一带的夜晚都不曾这样亮过。然而他们很快知道是我安装了一盏高架灯。灯光带来了一切，过去，这里一家饭馆都没有，高架灯亮起来之后，大小规模的饭馆迅速达到了20多家，经营各种娱乐的场所和项目全面启动，KTV、桑拿、游戏、钓鱼、靶场、宾馆全都登台亮相。人气一旺，用电量也超负荷了，为了解决电力不足的问题，我又增设发电机组三套，自己发电，保证供电。为了不影响景观的外在形象设施，我还铺设了地下电缆。

这盏灯就像传说中的阿拉丁神灯一样，造福了一方水土，造福了父老乡亲，这个连年亏损的旅游景点开始赢利了。随着知名度的不断提高，它的身价也不断上升，门票由原来的8元涨到12元，后来又涨到50元，南来北往的游客络绎不绝。

而这一切，我只用了半年时间就做到了！这是为什么？这是因为我懂得势力经济的原理。当影响力达到一定程度、并超越某种极限之后，就会产生吸引力，形成生产力，产生势力。一个鸟蛋只是鸟蛋，但是如果把它放大到国家歌剧院的比例，它就不再是鸟蛋；一个鸟巢只是鸟巢，如果把它放大到国家体育场的比例，它就不再是鸟巢，而是一个截然不同的景观。灯也一样，过去逢年过节，大户人家都喜欢张灯结彩，不仅是图个亮堂，也是为了取得一个量的优势，给街坊邻居造成一种巨大的心理暗示，形成一种势力。而我架起这座高架灯，比旧时的灯笼更好看、更能吸引眼球。它能取得那样的良好效果，也是情理之中的事情。虽然后来由于种种原因，我离开了故乡，然而我毕竟开了一种风气，至今故乡的许多人都还在说，是我给那里的夜晚带去了光明。

其实，我带去的不是光明，在科技如此发达的今天，一个高架灯算不了什么，10个高架灯也算不了什么。然而我的经营思路是正确的，尤其是我对于视觉文化产业和区域经济关系的认识，至今我认为仍然具有前瞻性，算是一种思想的输出。

后来我把这些思路与朋友们进行交流，不断得到认同。我的视野也越来越开阔。终于，我由家乡而想到国家、民族、世界，想得越来越广，越来越细。于是"大旗五千年"视觉文化工程也就应运而生。5000年来，中华民族有着太多的辉煌，也有着太多的沧桑，这是一笔无价的财富。如果能够运用影视艺术手段进行运作，必能取得巨大的经济和精神效益。我又开始兴奋起来。

我有一个信念，一个人对中华5000年历史的认知与理解，决定了他对中华民族的忠诚与否，也决定了他在中华民族伟大复兴进程中所担当的角色。我很荣幸，我能成为中华民族伟大复兴中的一个"吹鼓手"！

经过无数的夙兴夜寐，经历无数的激烈交锋，许多零散的思想火花开始逐步清晰、完整起来。我开始构筑"大旗五千年"历史文化视觉产业工程。"大旗五千年"内容包罗万象，全都围绕中国文化展开，其中包括：拍摄一系列与中国文化相关的影视精品；创作一系列与中国文化相关的绘画、雕塑作品；出版一系列与中国文化相关的图书产品；制作一系列与中国文化相关的动漫产品；举办一系列与中国文化相关的文化活动，如演出、庆典、比赛、展览等；建造一批与中国文化相关的主题公园，以文化旅游的品牌效应，吸引天南海北的游客……

近年来，我为天津市静海县策划了东方国际乐器城项目，为河北秦皇岛策划了国际婚庆文化产业旅游城项目，得到了当地政府的大力支持。还有更多地方邀请我去为他们做咨询、做规划，真有些忙得不亦乐乎。

除此之外，我还写了《一切皆有可能》《没有不可能》《大旗五千年》等几本小册子。它们刊行之后，得到了更多领导和朋友的肯定与鼓励，于是我又利用两年时间，使这些思想更加系统化，取名《蚂蚁变大象——论影响力与势力经济》。由此联想到，我既然开始了"影响力与势力经济"理论研究的先端，征途还任重道远，在别人已经有花不完钱的时候，我却还有做不完的事。也许有人要说，你也在赚钱，但我不是单纯地为赚钱而赚钱，而是为了做更多的事、更好的事、更大的事，做有益于国家和民族的事，甚至做一点有益于全人类的事。

一本书就像自己的一个孩子。对于这本书，我有一个小小的希望，希望它还能像一盏灯，即使不似当年在故乡购置的高架灯那样光芒四射，至少也能像一个好用的手电筒一样，能在你最需要的时候，给你带去一道小小的光束。

我虽非巨人，却经常站在巨人的肩膀上。这本书的写作，不算严格意义上的著书立说，有些观点也只是一管之见、洞井之识，只能算是一部读书笔记，也算是对前人和同仁的成果的学习、参考和消化，部分资料来自网络，在此一并表示最诚挚的感谢！

我的博客：www.yanjianguo.com。

2017年4月

图书在版编目（CIP）数据

蚂蚁变大象：论影响力与势力经济/颜建国著．—北京：时事出版社，2017.8
 ISBN 978-7-5195-0127-3

Ⅰ.①蚂…　Ⅱ.①颜…　Ⅲ.①经济学—研究　Ⅳ.①F0

中国版本图书馆 CIP 数据核字（2017）第 166610 号

出 版 发 行：时事出版社
地　　　址：北京市海淀区万寿寺甲 2 号
邮　　　编：100081
发 行 热 线：（010）88547590　88547591
读者服务部：（010）88547595
传　　　真：（010）88547592
电 子 邮 箱：shishichubanshe@sina.com
网　　　址：www.shishishe.com
印　　　刷：廊坊市圣轩印刷有限公司

开本：787×1092　1/16　印张：12.5　字数：196 千字
2017 年 8 月第 1 版　2017 年 8 月第 1 次印刷
定价：99.00 元
（如有印装质量问题，请与本社发行部联系调换）